JN035603

自然と『分けあう』生き方をしよう

聖書からみた食・農・人

中井弘和

はじめに

世界は新型コロナウイルス感染症の爆発的な蔓延によって苦しみ、国内における目に映る身近な風景もすっかり様変わりしています。気候変動による異常な自然災害も繰り返しわたしたちに襲い掛かり、もはやそれも日常化して、わたしたちはなすすべもありません。これらの異常事態を引き起こしてきたのは、人間のとくに産業革命以降の自然への裏切りの業によることは疑うことができません。人間の環境破壊は、人間の精神破壊ももたらせていることは明白です。壊された自然そして壊された人の精神が複雑に絡み合ってうごめく諸々の問題の糸を解きほぐしていくのはもはや至難の業といえるでしょう。

このような時、わたしは聖書の倫理観と生きる知恵に立ち返って、未来に向かおうとします。日頃聖書に触れて気づかされることは、聖書には食べものの話がとても多いことです。もちろん食べものを生み出みだす農業の事もです。創世記で、エバ（女）が禁断の木の実を食べて神の怒りにふれ、アダム（男）と共にエデンの園を追放される話は誰もが知る有名な話です。神は追放したアダムに土を耕し食べものを自ら作るように命じるのです。ここには神の人間に対する大きな親心が働いているといえるのではないでしょうか。
７０パーセントもの食べ物（カロリーベースの食料自給率は３８パーセント、穀物自給率は３０パーセント以下です）を外国に依存しながら、飽食に明け暮れる日本の現状は奇妙というほかありません。神なる親に顔向けができません。しかもこのところ、飽食の日本に深刻な飢餓が忍び込んでいることにも目を向けなければなりません。今わたしたちに求められるのは、天（神）、地、人に循環するいのちに身をゆだねて生きる宗教心、言い換えれば霊性を高めることではないでしょうか。世界に数あるいわゆる宗教の善し悪しは問いません。ここにわたしの座右の書である「聖書」を持ち出すのは、それが自分の霊性を映し出す鏡になることは確かだと思うからです。

本書は、聖書に向き合い、人を造る食べものとそれを生み出す農のありようを読み取ろうと試みたひとつの小さな果実です。２００８年以降、「全国ディアコニア・ネットワークニュース」、「るうてる」（以上、日本福音ルーテル教会を母体としている）のそれぞれに「聖書から学ぶ食と農」および「いのち、はぐくむ」の表題で投稿してきた拙文に加筆修正を加えたものを編集したものです。また、静岡英和学院院長として、当女学院の朝の礼拝で行った奨励（講話）の原稿のいくつかに修正を加えて掲載させていただきました。この小さな果実の種が読者のみなさまの心の土壌に芽生え花咲き実りますことを願い祈るばかりです。

目次

第２章　いのち、はぐくむ　89

第3章　若者へ伝える　144

第1章　聖書から学ぶ食と農

（1）いのちを食べる

『一粒の麦は、地に落ちて死ななければ、一粒のままである。だが、死ねば多くの実を結ぶ』

（ヨハネによる福音書１２章２４節）

「失って初めて気づく大切さ家族そろって囲む食卓」（２００７年駿府学園カレンダー）。わたしが講師としてかかわるようになったある少年院の少年の歌です。犯罪を起こして少年院に送致された少年の心象を良く表していて心打たれます。家族とともにあった食卓はやはり彼にとって人生の原風景であったのでしょう。食卓は、まず家族が食べものを分け合って食べ、たがいにいのちを育む生活の基本的な場であることに違いありません。家族との食卓と共に未来も失ったと悲しみながら、実は、この歌は少年の未来に向かう祈りでもありましょう。

このような食卓の風景が壊れ始めているのではないかと言われて多くの時間が過ぎています。国は２

005年に「食育基本法」を制定して、子供たちに「食べること」の意味や大切さについて学ばせる試みを進めています。この場合、自ら土を耕し、いのちを育て、そしてそれを自らのいのちとするという本来の食べることの意味を先ず大人たちが理解する必要があるでしょう。ここで「自ら」は、個人や家族、あるいは地域や国と理解してもよいのですが、日本は食糧のほぼ7割を外国に依存している現実に目を向けなければなりません。最近続発している食をめぐる事件や問題の背景にはこの事実があるのではないかと考えています。食の問題は農のそれと切り離して考えることはできません。

農の営みには、育てて食べることと同時に、次世代のいのちを育てる種を採るということがとても大切になります。農業が始まる古代より、人々は最も良い種は食べずに次の年の栽培のために確保し続けてきたのです。江戸時代の享保年間（1732年）に生じた大飢饉のさなか、伊予の百姓、作兵衛さんは、「麦を蒔く種がなくなることを考えると、麦の種は自分の命より重い」と言って、種用に蓄えておいた麦の袋を枕に餓死した話が今に伝えられています。この種は後に畑に播かれ、多くの村人のいのちが救われることになりました。農の営みは次世代のいのちに責任を持つことでもあります。今、種苗企業の知的財産権を守る名目で、農家が自ら種を採ることを禁ずる政策が計られつつあることを知る人は少ないに違いありません(*)。

食卓は、人類が初めて分け合う経験をした、懐かしい故郷を反映した場でもあるでしょう。そこには、大地によって育まれたいのちへの感謝があります。そのいのちをすべての人々、とりわけ地球の未来を生きるものたちと分け合う祈りがあります。紫陽花が色づくこの季節、山間の棚田で田植えをはじめながらそんなことを考えています。（２００８年7月）

＊２０２０年１２月に種苗法改正が公布、２０２１年4月より施行されました。すべての作物種で自家採種が原則禁止されるようになりました。罰則は罰金１０００万円以下、懲役１０年以下となり、自家採種には育成権者の許諾が必要になります。

（2）農業のすすめ

『主は国々の争いを裁き、多くの民を戒められる。彼らは剣を打ち直して鋤とし、槍を打ち直して鎌とする。国は国に向かって剣を挙げず、もはや戦うことを学ばない。』

（イザヤ書2章4節）

戦争の終わりを告げる玉音放送を聴いた幼い夏の日のことをわたしは忘れません。小学校入学の前年のことです。雑音の多い一台のラジオを囲む大人たちの重苦しい空気から、子供心に戦争に負けたのだと悟りました。しばらく空気が凍りついたように沈黙が続きました。そのうち、誰かが「もうこれで空襲はない」とつぶやいた安堵の声がずっと脳裏から離れないのです。戦争に敗れた不安や悲しみや怒りの中から不釣り合いに湧いてきたあの声は、空襲や飢えに疲弊していた日本人の誰もが抱いた本音であり、平和への強い願いであったにちがいありません。その日から一年余を経て、永久に戦争を放棄することをうたった憲法が公布されました。

遠い戦争の記憶はもうとぎれとぎれです。しかし、夜中に空襲警報のサイレンに起こされ、恐怖におののきながら家族とともに近くの山中に逃れ、夜露に濡れた草葉に隠れ見ていた隣町の赤々と焼けつくされる光景を忘れることができません。食べものを求めて奔走する大人たちの姿や、小学校の校庭が芋や麦の畑になっていたことなども、あの時感じた空腹感とともに鮮明に思い起こすことができます。終戦時、日本の最大の課題が食糧増産にあったことは言うに及びません。昭和３０年代に入る頃、日本人も全体的にどうにか食べることができるようになりました。そのころの食糧自給率は８０パーセント以上であったといわれています。

高度経済成長が始まる昭和３０年代の初め頃から食糧自給率は下がり続け、今は４０パーセント（穀物自給率では２８）と先進諸国に比べても異常に低い値となっています。それとともに日本の農業は衰退の一途をたどってきたことも周知のことです。自ら作らないのに、飽食に明け暮れるという奇妙な社会現象の中にわたしたちはいるのです。その一方で、年間３万人を超える自殺者が出ている現状もあります。汚染米事件をはじめ食をめぐる驚愕の事件も後を絶ちません。目を世界に転ずれば、飢餓を含めほぼ３０億の人々が深刻な貧困に悩み、地球そのものは年間６００万ヘクタールの土壌流失によって消耗しつつある現実があります（日本の全耕地面積は４６２万ヘクタール）。

戦争の対極はもちろん平和です。戦争が死なら、平和が生命（いのち）を表すこともまた当然でしょう。冒頭に示した聖句が、平和の象徴として農業の営みを指し示しているところに心打たれます。かつて、日本は永久に平和国家になることを決意し、誓いました。しかし、工業化を進めながら、限りなく農業を衰退させ、経済大国を誇るうち、気がつけば防衛（軍備）費は世界有数の高さに達しています。

この不透明な世界にあって、わたしたち日本人が、高い志をもって「憲法」を守り限りなく武器を農具に変えて、平和を、そして生命（いのち）を選択していくことを願うばかりです。（２００８年１２月）

（３）天の恵み

『雨も雪も、ひとたび天から降ればむなしく天に戻ることはない。それは大地を潤し、芽を出させ、生い茂らせ、種まく人には種を与え、食べる人には糧を与える。』

（イザヤ書５５章１０節）

アフガニスタンで農業指導に情熱を燃やしていた青年、伊藤和也さんがテロの凶弾に倒れたニュースに日本中が震撼させられたのは昨年（２００８年）夏の終わりの頃です。伊藤さんは、当地で永く医療や農業支援の活動を続けるペシャワール会の代表中村哲医師の下で働いていました。中村医師の名は日本でも広く知られているところですが、このニュースに接した時、医師の予言が的中したと、暗澹たる気持ちになったものです。わたしは、中村医師の講演会に2度ばかり参加したことがあります。２００1年の秋の終わり、例の９．１1同時多発テロが発生したすぐ後と、それから数年後のことでした。

中村医師の話は、いずれも、現場の空気が振動するように心身に伝わってきて忘れ難いものです。ここでは、わたしの心に強く焼き付けられた医師のメッセージの一端を伝えておこうと思います。「空爆ではなく水と食料を」と強く訴えながら、もともと親日的であった当国の人々の感情が、空爆に追随する日本に対して悪化する恐れがあると医師は明言しました。アフガニスタンでは２０００年夏の未曾有の旱魃によって大量の餓死者を出し、疲弊しきった国土への空爆はさらに何万とも知れない市民の犠牲者を生んでいるとのことでした。山の雪は年々減少し、旱魃はもはや常態化している。本来、山の雪が溶け、水となって大地を潤し、９０％以上といわれる農民の生業を支えてきたのだといいます。「人々は、お金がなくても生活できるが、山の雪がなければ生きてはいけない。」と医師は言います。

誰がかの国の山の雪を奪ったのかは言うに及びません。地球上の人口のほんの一部を占める欧米や日本など先進国といわれる国の人々のひたすら便利快適さを求め、欲望を膨らませる生活のありようが関係していることは明らかです。しかし、温暖化や砂漠化による脅威はすぐにそのようなわたしたちの足元を襲ってくるはずです。世界の砂漠化面積は最小に見積もっても年間６００万ヘクタールであると最近の資料は示しています（２００７年、国連世界食糧計画）。ちなみに、日本の全耕地面積は４６２万ヘクタールです（２００８年、農水省）（２０２１年現在では約４３７万ヘクタール）。

経済危機のさなか、日本は世をあげて景気回復に奔走している感があります。しかし、どうやら、その道筋は、モノを大量に生産し、消費するといった過去に辿ってきた道への回帰のようであることは確かです。経済効率を求める姿勢にしか（流行の言葉を使えば）「リアリテイ」（現実、真実性）がないという風潮の中で、人々の視界から環境や生命のすがたが遠くなっているのではないかと思います。わたしたちは、今、人間の生存を根源的に支える水、大気、大地とそこから生まれ出る食べ物、すなわち天の恵みにこそ真のリアリテイが在ることに気づくべき時に立っているのだと思っています。（２００９年７月）

（４）自然と共に生き分け合う

『新しい土地で果樹を植える時、３年は食べない。４年目の実は神に献げる。５年目に食べることができる。こうすれば収穫は増し加えられる。』

（レビ記１９章２３節）

『土地から取れる収穫物の十分の一は、穀物であれ、果実であれ、主のものである。』

（レビ記２７章３０節）

稲の収穫期を終えて紅葉が美しく映える季節のことです。山道を歩いていて真っ赤に燃えるもみじに出合ったりすると、息を呑む美しさに見入ってその場をなかなか立ち去ることができないことがあります。そんな自分を、古希を迎えた年のせいなのか、この春に手術をした心身の後遺症のせいなのかと、いぶかったりもします。いずれにせよ、この美しさは地球の核から湧きあがってくる生命（いのち）の一つの象徴に違いないと感じたりしています。生命や自然の根源である神の臨在を実感する時でもあります。

２００９年は、わたしが現在与えられている仕事の場、伊豆の山間に位置する稲育種の実験農場（伊豆の国市）の真ん中に初めて鯉のぼりを泳がせました。収穫期の稲を雀の害から守るためです。大きな目を持ち、風のままに泳ぎ踊るその姿に雀たちは恐れて近づいてこないことを期待してのことです。この秋に限って期待通りその効果はてきめんでした。しかし、その鯉のぼりもよく働いた挙句、縫い目から裂けて無残な姿になるや否や、雀たちは群をなして飛来し刈り残した稲の実をついばんでいます。

わたしがかかわる自然農法は、もとより自然のしくみに沿おうとするものですが、食べる部分は全部人間がもらい、その他の植物残渣は土に返すことを基本技術としています。ところが、雀の害など一向に気にしない人や、収穫物の一部は必ず土に返すといった農業者に出会って驚かされることがあります。

日本の哲学書の最高峰に挙げられる『正法眼蔵』を著した、曹洞宗の開祖、道元は、食べることと料理をすることを最も大切な修行の一つとしたことで知られます。その作法や思想は今も日本人の生活の底流に息づいているのではないでしょうか。その道元には、食べる心得について書かれた『赴粥飯法（ふしゅくはんぽう）』という著書もあります。その中で、修行僧たちが僧堂に集まって食事をするとき、先ず、飯粒のいくらかを取り分けて、食後にそれらを集めて庭に置き鳥たちに与える話が登場します。そこには自然が与えてくれた食べ物の一部は自然に返す、という思想が躍動しているではありませんか。

旧約から新約まで聖書を通読して、先ず感ずるメッセージは、「貧しく、弱い人びとと分け合いなさい」

ということです。一方、聖書は、繰り返し「自然と分け合う」ことの大切さを伝えています。このことをわたしたちは決して見落としてはならないと思います。自然や生命を大切にすることは、その源である神を感じ、その恵みに感謝することでもありましょう。その上で、初めて、わたしたちは、真に隣人と互いに分け合って生きていけるのだろうと思うこのごろです。（２００９年１２月）

（５）耕地を大切に

『何にもまして国にとって益となるのは王が耕地を大切にすること』

（コヘレトの言葉５章８節）

『土の文明史』（デイビッド・モントゴメリー、片岡夏実訳、２０１０）という本を最近読みました。新聞広告で、なんとなくその書名に心惹かれ入手したものです。それから間もなく、再び今度はその重版の広告を新聞紙上で見かけます。どうやら大きな反響を呼んでいるようです。この本のタイトルから人はどのような内容をイメージするでしょうか。地球環境問題にかかわる森林破壊や砂漠化などの話には人々はもう食傷気味になっているふしがあります。問題の深刻さは、多くの科学的データが変わらず示しているところですが、その内実や意味への理解がなお一般的に不足していることは事実でしょう。本書はそこに新たな光を当てています。

この本は、地質学の詳細な調査に基づいて、人類の永い歴史を概観しながら、文明崩壊の基本的な要因が土壌の流失にあると明快に語ります。しかも、土壌の流失は、人間の生存を根本的に支える農業のありように直に関わっているというのです。文明は、もともと食を得るための農業が営みやすい大河流域の緑豊かな地、メソポタミア、ギリシャ、エジプトあるいは中国（黄河）などに発祥しました。やがて人々は、人口の増加とともに、食糧に逼迫し追い立てられるように森林を伐採し農地を拡大していくことになります。このようにして土壌の侵食が徐々に進行し、農業が衰退して文明の崩壊に至るというのです。メソポタミアやギリシャなどといわずこのような痕跡はわれわれも世界のいたるところに見ることができます。

農業そのものが、必然的に土壌浸食の要因になることは確かにあるでしょう。しかし、それは、また、農業への取り組み方や社会システムによっても大きな影響を受けるはずです。家族を主とした小農から国や企業などが関わる大農へ移行するほどに土壌浸食の程度は大きくなっていった歴史的事実がある、とこの書はいいます。農業の機械化や都市化・工業化が急激に進んだこの半世紀の土壌浸食が特に著しいことはいうに及びません。この問題は、もはや他人事ではなく、日本のわたしたち一人ひとりのいのちの足元を揺るがせているというべきです。本書は、全世界で年間に２４０億トンもの土が失われているると伝えています（全世界の穀物収穫量は年間約１９億トンです）。

自然・有機農業や不耕起栽培など、未来に向かう新しい農業技術の推進や普及が土壌を守り、新たな人類のいのち・文化を創造することに繋がっていくと考えているところです。現在、日本は周知のごとく、諸々の政治的課題に翻弄されていますが、何よりも耕地を守る政策が最優先されるべきでありましよう。とはいってもお金には無関係と思われる足元の土の重要さを認識する人は極めて少ないのが現状です。聖書は、「耕地を守ることが最も大切」と明確に訴えています。ここに紹介した本は、この御言葉に聞きその意味を探る格好の書であると考えているのです。（２０１０年7月）

（6）風の道

『主なる神は、土（アダマ）の塵で人（アダム）を形作り、その鼻に息を吹き入れられた。人はこうして生きる者となった。』

（創世記2章7節）

２００８年初夏の頃です。岡山にわたしたちが進める品種改良の途上にある稲の生育状態を観察に行ったとき、その近くで直播（ちょくは）栽培を行っているという水田に案内されました。田に直接種を播く方法によって見事に水稲栽培を成功させているとのことでした。しかも、農薬や化学肥料はいっさい使用していないという。梅雨明け間際の空は青く、遠くの山並の後ろからは白い積乱雲が沸き立ち、勢いよく茂った緑の田面を風が吹き渡っていました。しばらく田の傍らに佇み眺めているうちに、所々植えられていない列があることに気づきました。そのスペースは田水が陽光を反射してきらめいていました。不思議に思って尋ねると、風の道を作っているのだというのです。

田んぼに風の道など聞いたことがありません。一部の隙きもなく、田の全面に植え付けて少しでも収量を上げようとするのが、農家の自然な心情でしょう。近代稲作技術の基本もまた密植と多肥にあることはいうに及びません。当の栽培農家の話によると、このようにして風を田の隅々にまで巡らせることによって稲は元気に育ち、収穫量も増加するのだというのです。翻って、日本の稲作は、密植、多肥にして、病虫害には農薬を多用して、収量を上げてきたのです。農薬の害が訴えられて久しいが、なお根本的な改善はみられていないのが現状です。つい先日は、近年、全国の水田から赤とんぼが激減したという衝撃的な報道に接したばかりです。

もう３０年以上も昔、国際機関が出資して建てたバングラデシュの近代設備が完備する研究所に滞在したことがあります。熱帯の暑い季節、停電のたびに建物内は蒸し風呂と化し、仕事を中断して全員が屋外に飛び出さなければなりませんでした。しかも、停電はしょっちゅう起こるのです。それに比べ、現地の人たちの竹で編んだ質素な家は風がよく通って涼しく快適でした。現地の風土を無視した海外援助のありかたに内心強く疑問を感じたものでした。しかし、便利快適さを求めて、行き着いたわたしたち自身の生活の中からも、気がついたら風の道が消えていた、ということになりそうです。近代科学技術は限りなく風の道を閉ざす方向に進んできたことは確かだと思います。

風は、ギリシャ語で「プネウマ」と言い、それは同時に「息」を表してもいるとのことです。息があるいは呼吸があらゆる生き物の生命活動の根源であることは誰もが認めるところです。風は生命(いのち)の息ということにもなるでしょう。その風は神からやって来る、と聖書は明快に語っています。人間のみならず、生きとし生けるものは全て、いのちの息によって生かされているのは明らかです。風というのちの息は、全ての生き物のいのちを繫ぎ結び合わせるものでもあるでしょう。わたしたちの生活の中にあるいはわたしたちの身体それ自体の中に、風の道を再生することが、豊かないのちに至る道となるのではないでしょうか。（２０１０年１２月）

（7）フクシマの二つの風景

『人は皆、愚かで知識に達しえない。金細工人は皆、偶像のゆえに辱められる。鋳て造ったぞうは欺瞞にすぎず霊を持っていない。』

（エレミヤ書１０章１４節）

福島は、未曾有の大地震と津波に伴って生じた原発事故によって「フクシマ」として世界から注目されることになりました。地元の人々の苦しみを尻目に、フクシマは、その波紋を広げ、世界を変える原動力になりつつあるようにもみえます。わたしは5月下旬そのフクシマに行く機会がありました。北国はなお新緑が美しく、福島に近づく新幹線の車窓には田植えを終えたばかりの水田が青空を映して遠くまで広がっていました。震災に遭い、さらに、見えない放射能の恐怖に翻弄されているはずの人々の、それはまさに生活の営みの証でありましょう。少しほっとした気分になったものです。

しかし、現地の人に案内されて、津波の被災地に入ると事情は一変しました。海岸線から見わたす限り、何もかも流され破壊し尽くされて瓦礫の山が点在するばかりでした。かつて街路であったコンクリートは剥がされ、電柱は鉄骨がむき出しに曲がって倒れ、家々の土台ばかりが散見されます。ヘドロで覆われた水田は乾いてひび割れ、トラクターが押しつぶされてあちこちに転がっています。立ち尽くすうち、ピアニカと幼児の赤い小さな靴の片方が並んで落ちている光景を目にしました。日常生活の小さな幸いの時が流れ去った一つの証のようでした。

内陸部に入ると全く別のフクシマの風景に遭遇することになります。原発から４０㎞ほど離れていながら放射能汚染度が高く計画的避難区域に指定されている飯館村や、３０㎞内に位置し緊急避難区域となっている南相馬市に立ち入ったときのことです。民家も商店街も田畑も確かにそこに存在しているが、人の影がないのです。田畑はもちろん草が生い茂るに任せています。警戒区域に定められている２０㎞圏内には入ることはできませんでしたが、それらの地にはまさにフクシマの風景が、目にふれられることなく、荒涼と広く深く侵食しているに違いありません。

フクシマの現実を目の当たりにして、わたしが感じたことは、自然が潜在的に持つ力の脅威であり、近代科学技術の危うさでした。ナチスに追われ、アメリカに亡命したイタリア人科学者、フェルミがウランパイルを積み重ねただけの実験用原子炉をある大学グランドの片隅に組み立ててから、ヒロシマ、ナガサキに原爆が投下されるまでにわずか2年8ヶ月ほどしか経っていませんでした。アメリカは極秘のうちに巨額の資金を使い何万人もの科学者を動員して、不可能といわれた巨大エネルギーをもつ原爆を実に短期間で完成させたのです。これは、戦争という魔物が科学技術を飛躍的に発展させた典型的な例といえるでしょう。

戦後、この原爆が原発に様変わりすることになったことは明らかです。原爆の巨大なエネルギーを、その源ともいえる中性子を吸収する制御棒によって抑制した装置が原発なのです。そのエネルギーとの絶妙なバランスの上に成り立つ制御の技術は微妙かつ困難であることは容易に想像されることです。「絶対安全」などと言えるものでは決してないのです。しかし、その推進は、ひたすらお金あるいは経済優先の論理によって支えられてきたのです。人々もそれを信じ、その信仰の上に何がしの快適さを享受してきたのではなかったでしょうか。原発は、聖書が示唆するように、人間の愚かさを示す一つの偶像であったにちがいありません。フクシマが訴えているのはひたすらそのことでありましょう。（２０１１年７月）

（８）食べ物と放射線

『イエスは娘の手を取り、「娘よ、起きなさい」と呼びかけられた。すると娘は、その霊が戻って、すぐに起き上がった。イエスは、娘に食べ物を与えるように指図をされた。』

（ルカによる福音書８章５４～５節）

２０１１年3月１１日に生じた東日本大震災は、明らかな人災といえる原発事故を伴ったところに特徴があり、これまで人類史上で繰り返されてきた自然災害とは一線を画しています。クリスマスの季節を迎える今も、原発事故は全く収束の目処が立っておらず、全国に飛散した放射性物質による食べ物の汚染問題は、なお深刻な脅威となっています。食品の汚染検査は、まだ精度の低いサンプル調査に頼っていて、全量検査の実施には程遠い状態です。

急遽定められた食品の安全（暫定）基準についても、その根拠は希薄です。問題の本質は低線量の被爆なら安全なのかという点にあるはずです。癌やＤＮＡ損傷による突然変異の発生率は、付与された線量の増加に比例して直線的に高くなることは科学的事実です。この科学的事実からは、いわゆる「安全基準」はないというのが常識です。低線量だから安全などとは決していえないのです。被爆線量が減少するほど危険の確率は低くなる、というのが正しい言い方です。わたしたちにできることは、日常生活において被爆線量を可能な限り小さくするよう心がけることでしょう。かつて放射線の生物影響の研究にも携わったわたしの経験からはそのように言えます。

最近、ナガサキの爆心地から１．４㎞の地点で被爆しながら、懸命の救護活動で多くの人々を救った秋月辰一郎医師（１９１６〜２００５）が注目されています。医師は、原爆投下後、ただ一人で支えた浦上第一病院（当時）の入院患者や看護師たち、総勢１００名ほどに玄米飯とカボチャやワカメの味噌汁を摂らせる食事療法を徹底させ、原爆症による犠牲者を一人も出さなかったというのです。砂糖は禁じ、塩を多く摂らせたともいいます。当病院周辺の地域住民はそのほとんどが被爆後2ヶ月足らずで放射能疾患の犠牲になっていったといわれているのです（秋月辰一郎、『死の同心円』、２０１０再版）。

緑黄色野菜の摂取によって、がんの発生を減少させるという疫学的研究の成果も近年多く報告されています。放射線の影響も、生体内に2次的に生ずる不安定で反応性が強い活性酸素などフリーラジカルの効果によることが科学的に実証されています。食べ物によって、それらの働きを除去し、放射線障害を軽減させる可能性はありそうです。

聖書は、全編を通して、食べ物の大切さを示す記述に満ちています。種々の野菜や果実あるいはハーブによって弱った心身を快復させ、病気を癒すような場面は枚挙に暇（いとま）がありません。イエスが死から蘇らせた少女にまず行ったことは食べ物を与えることでした。復活したイエスが、その姿に驚愕し戸惑う弟子たちに、「食べ物はあるか」と告げる場面も鮮烈です。確かに、食べ物はいのちを証しする、といえるでしょう。放射能汚染による食べ物の危機に直面している今、食べ物の意味を深く自覚し、原発に依存しない新しい時代を切り拓いていく志と勇気がわたしたちに求められていると思います。（２０１１年１２月）

（９）雲南の棚田

『あなたは地に臨んで水を与え豊かさを与えられます。神の水路は水をたたえ、地は穀物を備えます。』
（詩編６５章１０節）

『貧しい人は地を継ぎ豊かな平和に自らをゆだねるであろう。』
（詩篇３７章１１節）

この5月のはじめ、ようやく念願がかなって雲南の棚田を観てくることができました。中国人の教え子で、今は北京中央民族大学で教授を務める龍春林さんの招聘を受けてのことでした。龍さんは、雲南省に多く居住する少数民族の農業、文化、生活にかかわる研究を永年行い、種々の部族によって守られてきた棚田の現場に精通しています。彼の案内によって、ベトナム国境に近い海抜１２００ｍの高地に位置するハニ族自治州の街、元陽県・新街鎮に数日間滞在して、周辺一帯に広く高く広がる棚田を目の当たりにすることができたのです。

初日の早朝、車でホテルを出て３０分ほどの所に降り立ちました。朝陽が丁度山陰から昇り始めていたころでした。眼下には、棚田が、靄(もや)にけむる山の急斜面いっぱいに遥か谷底に至るまで無数に広がり、それはさらに向こうの山並みの頂へと続いて、湛える水にやわらかな光を映して輝いていました。振り返ると、道を隔てて立ちはだかる急峻な山の斜面いっぱいにやはり棚田は天空に向かって広がっていました。息を呑む美しさに圧倒されました。雲南の棚田に出合った最初の印象です。

当年は異常天候で雨が降らず、例年よりかなり遅れて田植えが始まったばかりであるとのことでした。ハニ族の原色の色彩豊かな民族衣装に身を包んだ女性たちが田植えをする光景をあちこちで見かけました。田起こしは男性たちが水牛を使って行います。農薬や化学肥料はほとんど使いません。機械も使用しません。棚田の地形からいっても機械の使用は不可能です。堅固に作られてはいますが、幅３０ｃｍほどの畦道は人が一人通るのがやっとです。それが何百ｍ、ときには１０００ｍ以上の高度差の急斜面に位置しているのです。この部族の人たちは、すべて手作業でわずかに水牛の力を借りながら、何百年、何千年と棚田を守り、稲を作り続けてきたのです。

「森がなければ、水がない。水がなければ、食べ物がない。食べ物がなければ、人がない。」棚田の民に永く伝承されてきた言葉です。確かに、山の頂には必ず森があって、棚田はその下方に広がっています。山頂の森に湧く水は、楚々と土を固めてしつらえられた水路を流れ下ってすべての棚田を満たすのです。このようにして、彼の人々は米という食べ物を得て生きてきて、さらに生きていくのです。森を守り、棚田という地を守り、稲を育てる。彼らが生きるとは、こういうことにちがいありません。

近くこの地域一帯の棚田が世界自然遺産になると聞きました。中国政府や観光客のこの地域に寄せる関心も高まっているようです。もとより「一人っ子政策」の影響もあって、労働力不足は避けられない深刻な問題になり始めていました。いわゆる近代化の波はこの地にも押し寄せてくるのは必至です。雲南の棚田の片隅にたたずみ、遠くから流れてくる田植え歌に耳をすましながら、豊かさとは何なのか、改めて考えさせられたところです。この棚田とそこに生きる人々の営みが悠久であることを祈るばかりです。（２０１２年７月）

（１０）聖書と有機農業

『主なる神は、土（アダマ）の塵で人（アダム）を形づくり、その鼻に命の息を吹きいれられた。人はこうして生きるものとなった。』

（創世記２章７節）

２０１２年の夏、合鴨有機農業に取り組んできた日本と韓国の農家の交流会に参加し、韓国の有機農業の現状を観てくることができました。この交流会は毎年両国間で交互に開催され、今回は7回目になります。合鴨農法は、農薬、化学肥料を使用しない有機農業で、マガモとアヒルの雑種である合鴨に除草をさせる農業技術です。日本人の農家が開発し、韓国に伝えられましたが、合鴨農法の導入によって、韓国はアジアでは最も有機農業の盛んな国になった経緯があります。その原動力となったのが、聖書と有機農業を根幹とする教育を永く実践してきた「プルム農学校」です。交流会の一環として、元校長の洪氏の案内で当農学校を訪問する機会がありました。学舎前に建つ石碑には「偉大な平民」という文字が刻まれていたことが強く印象に残りました。

「プルム」は、刃物を打つときなどに風を送って火を起こす鞴（ふいご）を意味します。いのちの風を、若者たちの心身に吹き入れて、「偉大な平民となって世界の平和を実現する」人材を育てているのだと、洪氏が説明してくださいました。交流会に加わっていた洪氏の教え子の朱さんは、そのいのちの風をいっぱいに受け社会に出て、多くの苦難や圧力を乗り越えて韓国全土に合鴨農法を広めていったのです。朱さんは合鴨農法の拠点として自分の故郷に合鴨有機農業の新しい村を建設しました。見渡す限り合鴨農法の水田が広がる小高い丘の明るい新しい家の建ち並ぶその村に立ったとき、これは一つの奇跡だという感慨に打たれたものです。奇跡は事を起こす動機が純粋で、澄み切った志や愛に満たされた時に実現するのではないか、という思いもその時湧き上がってきました。

そのような朱さんも、当初は勉強嫌いの暴れ者で、先生たちを困らせていたといいます。そんなとき、当時の校長洪氏に呼び出しを受けました。さすがの朱さんも恐る恐る校長の前に出向いていきました。洪校長は、何も言わず静かに、あらかじめ用意していた聖書を手渡し、ある箇所を何度も読ませました。きつい叱責を覚悟していた朱さんは、あっけに取られてその場を辞すことになりましたが、その後涙が溢れて止まらなかったと言います。朱さんが回心し、聖書と共に有機農業実践の道を歩き始めた瞬間でした。

韓国の有機農業の全耕地面積に対する割合は１．２％あります。日本のそれは０．４％といわれます（２０２１年現在は０．５％）。いずれにしても、ＥＵ諸国などと比較すると非常に低いことがわかります。農薬使用量（単位面積当たり）は日韓両国でそれぞれ世界1、2位を争うほどです。日本で、主に使用されているネオニコチノイド系の農薬は昆虫などの神経を冒して殺傷効果を発揮する危険なものです。最近のハチ、トンボ、雀などの急激な減少は、その大量使用によることが疑われていますが、国が対策に動き始める兆しはありません。経済最優先の仕組みは、いずこの社会にあっても強固に根を張り容易には動かし難いものに違いありません。

洪氏や朱さんは、そのような厳しい現実に直面しながら、有機農業への道を切り拓いていったことを知る必要があるでしょう。その背景には、聖書と土と共に生きるプルム農学校の土壌から育っていった多くの偉大な平民たちの志と働きがあることも忘れてはいけません。平和は、いつもそのような人達によって時代や国境を越えて実現されるにちがいないのです。（２０１３年2月）

（１１）地の塩

『あなたがたは地の塩である。だが、塩気が無くなれば、その塩は何によって塩味が付けられよう。もはや、何の役にも立たず、外に投げ捨てられ、人々に踏みつけられるだけである。』

（マタイによる福音書５章１３節）

バングラデシュで稲の仕事をしていたある日、激しい下痢と高熱に襲われ、極度の脱水症状に陥ったことがあります。３０代最後の年のことです。飲む水はすべて吐き出し、身体は一滴の水も受け付けてくれませんでした。その時、たまたま日本から持参していた瓶詰の塩辛い漬物を餓鬼のように、そう、餓鬼のようにひと瓶全部を食べつくしたものです。ついに衰弱が激しく身動きできなくなった挙句、周囲の人たちに抱きかかえられて、地元の病院に入院することになりました。

当時、当地の病院は日本のそれに比べて不衛生極まりない状態のようでした。しかし入院を拒否する力はわたしに残されていませんでした。頭も割れんばかりの痛さに襲われていました。点滴の溶液の入ったビニール袋は茶色に変色していました。しかし、その点滴を三日三晩続けて激しい頭痛はようやく収まりました。なお高熱が続く苦痛の中で、願うことは、あの塩味のきいた白いお粥と梅干しを口に入れることばかりでした。無理は承知の上で、そのことを付き添ってくれた共同研究者に訴えると、滞在したゲストハウスの料理人はその願いを聞き入れ、日本式のお粥を作って食事ごとに病院に運んでくれました。わたしは、まさに奇跡のように異郷の地に出現したお粥と幸い日本から持ってきていた梅干しを食べて日増しに元気を取り戻し、無事退院することができたのです。

塩の生産や販売が専売制度によって管理されてきたことは周知のことです。その塩は、１９７２年以降、伝統的な海水による製法に代わって、人工的なイオン交換膜法によって製造されるようになりました。塩は、海の恵みから遮断され、９９．５％がＮａＣｌ（塩化ナトリウム）という化学物質に様変わりしたのです。専売制度が廃止される９７年まで、日本人は長く生命維持に欠かせないミネラル不在の塩を摂り続けてきたことになります。いつしか塩は悪者扱いされるようになったことは周知のことです。その過剰摂取は論外としても、日本人が抱える健康問題の主要因は、ミネラル不足など栄養のバランスを欠いた食事にあると言ってもよいでしょう。

「塩は良いものである。」（マルコによる福音書9章５０節）と聖書は告げます。フクシマ原発事故による食物の放射能汚染問題にかかわって、ナガサキの原爆で自らも傷つきながら、負傷者の救済に献身した医師、秋月辰一郎博士（１９１６~２００５）の食事療法が注目されています。博士は、爆心地より１．４キロの地点で被災した浦上第一病院の医師・院長として、入院患者や看護師など総勢１００名ほどに、塩を利かした玄米飯、わかめやカボチャなど野菜入りの濃い味噌汁といった食事を徹底させました。砂糖は全面的に禁じました。爆心地より半径１．５キロ以内の被爆者は、原爆投下後一か月でほぼすべて犠牲になっていったといわれますが、当病院からは一人の犠牲者も出さなかったという事実があります（博士著『死の同心円』、１９７２）。博士は、その後、当病院で医療活動の傍ら、核廃絶など世界の平和運動に身を捧げて生涯を全うします。

塩は聖書の重要なキーワードとなっていますが、「砂糖」が聖書に登場することはありません。砂糖が西アジアや地中海周辺など聖書の世界に伝わるのは１１世紀以降のことですから、それは当然としても、聖書世界に生きる人々にとって砂糖は必要でなかったともいえます。しかし、塩がなくて、人は生きてはいけません。塩は、自らは主役とならず、常に食べ物を根底から支えてその味を活かし、生命の原動力となる役割を果たします。「自分自身のうちに塩を持ちなさい。そして、互いに平和に過ごしなさい。」（マルコによる福音書９章５０節）この聖句も今思い起こす良き時機でありましょう。（２０１３年８月）

（１２）食と農の倫理

『わたしたちに今日もこの日の糧をお与えください』

（マタイによる福音書６章１１節、ルカによる福音書１１章３節）

洗礼を受けた当初、毎週の礼拝ごとに唱える「主の祈り」の中で、冒頭の聖句に差し掛かった時はいつも何か現実味のない違和感を覚えたものです。毎日十分に食べ物が与えられ満腹し、ビールまで飲んでいる。周りを見渡しても食べ物に困っている人は見当たりません。１９８０年代の半ば、日本は一億総中流の時代と言われ、日本人は総じて衣食に困らない生活を送っていた頃の話です。しかし、ある日ふと、この祈りの節の冒頭に「わたしたちに」があることに思いつきました。この祈りには、世界中のすべての人々に今日を生きる食べ物が与えられますようにとの切実な願いが込められていたのです。当時、地球上の飢餓人口は１０億人ともいわれていました。

あれ以来時は過ぎて、今、飢餓は、貧困問題とともに日本人の足元を襲ってきている現実があります。例えば、日本のワーキングプア（年収２００万円以下）といわれる人の労働人口に占める割合は３４％に及び、子供の貧困率は１６％でＯＥＣＤ加盟国中４番目に高いと報じられています。いずれにせよ、今後食糧問題は日本人の生命を左右する最も重要かつ深刻な問題になっていくと思っています。カロリーベースの食料自給率は３８パーセント、穀物自給率は永く２０パーセント代を保ったばかりです。

資源低投入の自然・有機農業に適応した稲品種を育成するために、現在も日本全国の各地域をめぐる旅を続けています。そこで気にかかることは、赤とんぼやかつて悩まされてきた稲に最も被害を及ぼす雀の数が目に見えて減少していることです。この現象は、世界的に話題となっているミツバチの減少と密接に関係しているはずです。ＥＵの研究者たちは、その主要因を、ここ１０年ほど主に使用されてきた、ネオニコチノイド（ニコチン様物質）系農薬によるとの結論を出しました。ＥＵは、それを受けて、同系統７種の農薬のうち数種を使用禁止に踏み込み、さらに当農薬の屋外での全面使用禁止に移行しつつあります（２０１８年）。

日本の研究者たちはこの問題になお結論を出さず、国も対策を講ずる気配がありません。元より、農薬残留基準は、ＥＵに比べて平均何百倍も緩いのです。原発事故による食品の放射能汚染問題で騒がれるさなか、ある種の農薬の残留基準を3、４倍に緩める規則が制定されている事実もあります。ＥＵを中心に世界で禁止されている、有機リン系の農薬も日本では許可されたままになっています。単位面積当たりの農薬使用量は、韓国と日本でダントツ世界1、２位を争うことは周知のことです。このような事情のなかで、冒頭の祈りは、わたしたちの健康を守る安全な食を願うものともなりましょう。

ナチスに抵抗して殉教したドイツ人の神学者で牧師のディートリッヒ・ボンヘッファー（１９０６―１９４５）は、「倫理（学）とは、ともに生きること（を学ぶこと）」（『現代キリスト教倫理』、森野善右衛門訳）と説いています。倫理とは、人が人と共に、さらに人が自然と共に生きる道、あるいは道理のことと、ボンヘッファーが短い生涯をかけて、人類の未来に残したメッセージとも言えます。それはまた神の息吹であるいのちを最もよく生かす人の道に違いありません。

今、日本は、食と農にかかわる倫理観が崩壊状態にあるとも言えます。「私たちに今日もこの日の糧をお与えください」の祈りは、人間がいかなる偉大な文明や科学を実現しようとも、食べなければ生存を維持できないはかない存在であることも知らせてくれます。謙虚に生きていくことの大切さも教えてくれているのです。ともあれ、この祈りは、人類普遍の祈りであるに違いありません。（２０１３年１１月）

（13）モンゴルの草原から

『百匹の羊を持っている人がいて、その一匹を見失ったとすれば、九十九匹を野原に残して、見失った一匹を見つけ出すまで探し回らないだろうか。』

（ルカによる福音書15章4節）

今年（２０１４年）５月下旬、１週間ばかりモンゴルに行ってきました。モンゴル国立の農業研究所を訪ねて、モンゴルへの稲作導入の可能性を検討するのが目的でした。当国は、日本の４倍といわれる国土の８割を草原が占める遊牧民の国です。標高が高く、寒冷で乾燥した風土は本来農業とりわけ稲作には全く不向きです。しかし、そこで稲作を試みようとする人もいるのです。遥々そのような人達を訪ねながら、稲作を一般化する可能性を探り、また、モンゴル農業の現状を視察することになりました。モンゴルでの稲作研究に意欲を示す研究所長、バヤスークさんの計らいで、思いがけず、モンゴルの草原を1千キロ以上も走破する経験ができたのです。

モンゴル北方の都市・ダルハンの研究所からバヤスークさんと稲作研究担当予定者の女性研究者、アリカさんとともに、何百キロも南下して、ゴビの砂漠に近いカラコルム地方（ウブルハンガイ県）に向かいました。行けどもゆけども初夏の黄緑色を帯びた草原がなだらかな起伏をつくり広がっています。時に、羊、山羊、牛が群れをなして移動する風景に遭遇するごとに心が躍ります。車道は度々遮断され、その都度、車は草原の只中を走ることになります。そのようなときの事です。草原の彼方から、大きな音を響かせて一匹の羊を肩に担いで運転する男のオートバイが勢いよく近づき通り過ぎて行きました。群れから迷い出た羊を探し出して連れ帰っているのだとバヤスークさんが説明します。そのような光景は当地ではありふれたことのようですが、わたしにはその時の光景が忘れられずつよく心に残っています。

羊は、過酷な環境を生きる遊牧民にとって、その衣食住を支える最も大切な糧となります。肉や乳は、彼らが特に必要とする脂肪やタンパク質を、山羊などに比べても特に多く含むようです。毛や皮は、もちろん極寒をしのぐ衣服や住居の最適の材料になります。しかし、一方、羊は非常に繊細なうえに、群れから迷い出やすい習性があるといいます。迷い出た羊は、すぐに強いストレスに晒されて生きていけないそうです。山羊や牛が草以外にも木の芽や樹皮などを食んで生きていけるのに対して、羊には草しか食べない食性があるとのことでした。モンゴル草原で見た羊の群れには多くの山羊や牛が混在していました。そうすることによって、群れの移動をスムーズにし、迷い出る羊を防ぐことができるとのことでした。

所々、草原の一角に広大な小麦畑を見かけます。小麦はモンゴル国に導入してまだ５０年にしかならないとのことでした。何気なく除草剤など使用しているかどうかバヤスークさんたちに聞いてみました。機械化による大規模な小麦栽培では除草剤・農薬の使用は避けられないと遠慮がちに応えてきました。小麦畑への除草剤の使用は、モンゴルの遊牧民たちが何千年にもわたり共生し守ってきた草原を破壊する矛盾をはらんでいることにもなります。モンゴルの人たちは、一般に環境意識が高くそれを誇りにしている風情も見受けられます。モンゴルの旅の中で、遊牧民の間に、米という食を求め、稲を導入する機運が芽生えていることも確認したところですが、その稲作は草原と共生できるものでなければならないでしょう。モンゴルも例にもれず、都市化、工業化そして経済成長が著しく進んでいます。茫漠とした草原に迷い出た一匹の羊を探し助け出し、また、草原をこよなく愛する遊牧民の心に脈打ってきた精神はなお永く生き続けていけるでしょうか。弱者切り捨てが著しく進む日本の政治、社会的風潮を思い起こしながら、モンゴルの草原の中で考えたことです。（２０１４年１２月）

（１４）子供たちの未来のために

『父親たち、子供を怒らせてはなりません。主がしつけ諭されるように、育てなさい。』

（エフェソの信徒への手紙６章４節）

稲の自然農法にかかわる研究を開始した3年目の１９９３年は未曽有の大冷害の年として記憶されます。その年は、研究拠点としていた長野県駒ヶ岳山麓の飯島町とともに、大冷害の影響をもろに受けた岩手県の北端部に位置する松尾村（現八幡市）でも実験を行っていました。

中部日本に位置する長野県においても冷害の影響は相当強く受けていました。田植の5月中旬、目前にそびえる駒ケ岳は季節外れの雪に覆われていたこともそのことを物語っていました。この年、田植後の自然農法の苗は、農薬、化学肥料を使用する慣行農法のそれに比べて、驚くほどに生育が遅く不良でした。しかし、田植後４０日ほどの苗を抜き取り根の観察を行ってまた驚きました。自然農法の苗の根は、人の目には見えない地下部で、慣行農法におけるよりも明らかに太く長く伸長していたのです。

松尾村では、百年に一度といわれる歴史的な大冷害になりました。収穫の時、岩手山麓の村一帯は実ることなく垂直に立つ稲穂の水田が広がるばかりでした。その暗く沈鬱な風景の中で、わたしたちの自然農法の稲は黄金色の穂をつけて実り、そこからは光を放っているように見えたものです。自然農法の稲たちは、その少年期ともいえる生育初期、冷害という悪条件に自らを適応させ、地中に深く根を伸ばして、実りを成就させていったと言えます。

「子供に根っこを与えてやりなさい。成人したら翼を与えてやりなさい。」最近、イタリアに伝承されるという子育てについての諺を聞き知ったとき、先ず思い浮かんだのがあの大冷害の中で凛としてたたずむ自然農法稲の姿でした。しかし、「子供に豊かな根っこを与えるにはどうしたら良いか？」については、なお自問自答を繰り返しているところです。いずれにせよ、子供の生命力を信じ、よく見守りながら、子供がたくましく成長できる環境を整える義務は親あるいは大人にあることは確かです。親のエゴや干渉で子供の根っこの成長を阻害するようなことがあってはならないとわたしは自省の念を込めて考えています。

飢餓、貧困、戦乱などによる子供の受難は地球上から途絶えることがありません。餓死などによる子供の死亡数が年間一千万人に及ぶといわれ始めたのは久しく昔のことになります。しかし、日本人はその事実に遠い国のことのように目を閉ざしてきたのではなかったでしょうか。現在、日本の子供の貧困率は１６・３％で、ＯＥＣＤ加盟国３０ヶ国中４番目に高いといわれます（厚労省、２０１４）。福島県の小児甲状腺がんの罹患率が原発事故前の６１倍になっているという報告もあります（福島県、２０１

４）。福島県学校校庭の放射線安全基準は年間８・８ミリシーベルトと、一般の安全基準一ミリシーベルトをはるかに上回っている現状もあります。これらはほんの一例にすぎず、日本の子どもたちもまた過酷な受難の中に置かれているのです。

わたしは、幼少の頃、戦争の恐怖を経験しながら敗戦を迎え、それ以来７０年間戦争のない平和な時代を生きてきました。しかし、このところ、政府の数々の暴挙によって、平和な時代は風前の灯といった危機感の中にいることは間違いありません。子供たちが豊かな根っこを育み、そして未来に大空を高く飛翔するために、今、親あるいは大人たちが何よりも先に成すべきことは、憲法九条を守り、平和の土壌を再びこの日本に創ることであると思っています。（２０１５年7月）

（１５）戦争の記憶から

『悪を避け、善を行い平和を尋ね求め、追い求めよ。』

（詩編３４章１５節）

わたしは１９３９年福井県に生まれました。終戦の年は小学校入学の1年前に当たります。戦争を体験し、それを記憶として残す恐らく最後の世代といえるでしょう。当時は、現在、メガネの産地として知られる鯖江市（当時は町）に住んでいました。終戦間際の7月１９日夜半、北方に１５キロほど離れた福井市が大空襲を受けました。人口１０万ばかりのその地方都市に、１２７機のＢ２９が襲来して１０万発以上の焼夷弾を投下し、市街地の９割が破壊されたと記録されています。多大の死傷者を出したことは言うに及びません。真夜中、両親にたたき起こされ近くの山中に逃げ込み、夏草の茂みに身を隠しながら、Ｂ２９の編隊が幾度となく頭上を超えてその市街を攻撃する光景を恐怖にかられ見つめていました。Ｂ２９の編隊が空爆を終えて帰還するごとに、山中に潜むわたしたちの上にも何発もの爆弾を落としていきました。その時の極度の恐怖感は今も忘れることができません。

永久に戦争の放棄を誓う新憲法が公布されるのはそれから1年ばかり後の４６年１１月3日のことで

した。それは翌年の5月3日に施行されて今日に至っています。わたしは、戦争の闇から一転、平和憲法の制定を国民がこぞって祝う、貧しいながら、弾ける解放感に満ちた空気をいっぱい吸って、その後の新たな生活をスタートさせたといえます。そして、70年余が過ぎた今を生きています。その間、日本は曲がりなりにも平和憲法を守り、戦争をしない国でありえたのです。しかし、安保法案が、7月15日に衆議院特別委員会で、また、16日に本会議で強行採決されて事態は一変しました。わたしは身体が傷つくような感覚に襲われて、平和憲法が空気のようにわたしのからだと共に在ったことを思い知らされました。

それ以降、わたしは、静岡から新幹線に乗り幾度も国会議事堂前に足を運んで、安保法案の強行採決に異を唱え、その廃案を願って声を上げる無数の人々の輪の中に入っていくようになりました。わたしの意思によるのではなく、身体が勝手に動くという感覚でした。止むにやまれずとはこういうことなのでしょうか。暑い夏の夕暮れ時、日本中のいずこからともなく、老若男女が集まって来て国会周辺を埋め尽くして声を上げるのです。その中には、子供連れの若い女性や車椅子の身障者の人もいます。そこには闘争の雰囲気はなく、むしろ平和やいのちへのビジョンを同じくする人々の連帯感によって生命力が生じ高まる明るい場が創られていく、といった印象が強かったです。わたしはその場に在って深い閉塞感から解放される経験をしたと思っています。

安保法案が、９月１９日未明、参議院で国会史上類をみない暴挙によって最終的に採決されたことは誰もが知っています。現政権によって、秘密保護法案や武器輸出規制緩和など、平和憲法への露骨な破壊政策が重ねられてきた挙句のことでもあります。今最も不思議に感じていることは、その政権をなお国民の多くが支持している事実です。それは報道のありようにもかかわっていることでしょう。日本における報道の自由度は今年（２０１５年）過去最低の世界ランキング６１位であったと伝えられています（国境なき記者団）。

それでもなお、わたしは、この夏多くの普通の日本人が国会周辺といわず全国いたるところで声を上げ行動を起こした歴史的意義は非常に大きいと思っています。あの出来事は近年の日本の歩みの中に生じた一つの小さな奇跡のようにさえ感じています。事態は深刻に違いありませんが、今は、わたしたち一人ひとりが日常生活の中で希望をもって平和を求めて生きていく時機でありましょう。（２０１５年１２月）

（16）イエスの魚

『イエスは言われた。『舟の右側に網を打ちなさい。そうすればとれるはずだ。』そこで、網を打ってみると、魚があまり多くて、もはや網を引き揚げることはできなかった。』

（ヨハネによる福音書21章6節）

水俣病患者多発の地域に昨年（2015年）7月初めて訪れる機会がありました。水俣市に居を移して水俣公害の取材を続けている元朝日新聞記者西村幹夫さんの案内によるものです。水俣湾内の水銀ヘドロや汚染魚を閉じ込めた埋め立て地を皮切りに、近傍の患者が多発した沿岸地域を一日かけて見て回ることができました。埋立地は、水俣公害の経緯を示す立て看板はありましが、色彩豊かなバラ園などもあって総じて風光明媚な庭園といった風情でした。コンクリートで打ち固められた海岸を曇天下の青い海を眺めながら歩くうち、西村さんの「実は何にも解決されていないのだよ」という呟きが身に沁みました。

水俣湾はかつて魚が湧く海といわれたそうです。その海に新日本窒素（現チッソ）水俣工場から有機（メチル）水銀の廃液が垂れ流され、昭和28年ごろから水俣病患者が現れ始めました。魚の宝庫である海は海底に３ｍ以上の水銀汚泥が堆積し文字どおり死の海となったのです。天が与える魚を採り食べて暮らす漁師たちが水俣病という過酷な宿命を背負うことになったのです。不知火海沿岸住民の少なくとも3万人はその犠牲になったといわれます。行政が公式に認める患者認定数は２２６５人（そのうち１５８２人が死亡）（２００６年）。さらに、国が定める患者認定の基準は厳しくなってきている現状もあります。水俣病公式発見の年は昭和３１年（１９５６年）とされます。１９５９年熊本大学水俣病研究班が、その原因は当工場から排出される有機水銀であることが公表されました。それ以降１０年を経て、１９６８年、ようやく厚生労働省（旧）は工場排水が原因の公害病と認定します。その間水俣工場からの有機水銀は垂れ流され続けていたのです。

当企業側の水俣病患者に対する態度は当初から冷酷そのものでした。昭和３４年（１９５９年）に水俣病患者互助会と新日本窒素水俣工場の間で取り交わされた見舞金契約書の内容がそれをよく表しています。「死者へ３０万円、大人へ年間１０万円、子供へ年間3万円。葬祭料は2万円。互助会は将来、水俣病が工場の排水に起因することがわかっても、新たな補償要求は一切行わないものとする」ざっとこのようなものです。そのころすでに熊本大学医学部の研究によって水俣病の原因が水俣工場からの有機水銀であることが学術的に証明されていてのことです。このような契約書は、日本最初の公害事件である足尾銅山鉱毒事件においても、１８９５年に被害農民と企業との間に取り交わされていました。

冒頭の聖句は、復活したイエスがガリラヤ湖で漁を営む弟子たちの前に現れた時の話です。イエスは、宣教活動の初めペテロらの漁師たちを最初の弟子にした時も、「沖に漕ぎ出して網をおろし、漁をしなさい」（ルカによる福音書5章4節）と告げています。不漁に悩む漁師たちに躍動して跳ねる無数の魚を与えたのです。驚愕し歓喜した弟子たちはこれを機にイエスと共に過ごしその教えに触れ、挫折を繰り返しながら、ついにはイエスの愛を世界中に告げ知らせる役割を果たしました。イエスの魚は、天が与えた宝の魚を死に追いやる人間の罪の無明に灯りをともす永遠の希望でありましょう。（2016年7月）

（17）ゆるしと食べもの

『そればかりではなく、苦難をも誇りとします。私たちは知っているのです。苦難は忍耐を、忍耐は練達を、練達は希望を生むということを』

（ローマの信徒への手紙5章3節）

２０１６年、秋の全国ディアコニアネットワークセミナーでは水俣において貴重な学びをしました。その2日目、久々の秋晴れのもと、水俣病の跡地、エコパーク水俣や資料館などを訪ねたのち、水俣病に苦しむ祖父母や親たちの姿を見て育った杉本肇氏の話を聞くことができました。氏は、水俣病の語り部として今も語り継がれる母、杉本栄子さん（１９３８〜２００８）の遺志を継いで、漁業の傍ら、やはり語り部として活動しています。不知火海沿岸の鹿児島県境に近い茂道（もどう）にあって網元として地域をリードする杉本一家が突如祖父母から父母へと水俣病にかかり、言語を絶する絶望の境遇に陥りそこから希望を見出して生きるある復活の話でした。

祖母が１９５９年茂道で最初に発病した後、祖父、母そして父へと発病は続き、いずれも身体の硬直や変形、激痛や体調不良で生業の漁業も困難となります。さらに当時はもっぱら伝染病が疑われて孤立し、酷い差別の対象になりました。母、栄子さんは網元の一人娘として、幼いころより漁の現場に立つ明朗活発で勝ち気な女性でした。彼女が5人の男児を抱えながら、理不尽な病に倒れ、わが子たちの面倒をみられない悔しさと懊悩が長男、肇氏の話から胸に迫ってきました。1969年、世間の無理解の中、彼女は訴訟を起こしチッソや行政の責任を追及します。差別はひどくなるが、水俣病の真実の姿を社会に知ってほしいという彼女の願いは強く挫けることはありませんでした。

彼女が苦闘の末に行き着いた境地は「ゆるす」ということでした。「日本という国も、チッソも、差別した人も、すべて許す。」。これは、苦悩の極みの中で彼女が感得した「いのち」の言葉であったにちがいありません。「食べもので病気になったのだから、食べもので病気を治す」。自宅の背後に広がる丘陵の野菜畑やミカン園で、病苦を背負う栄子さん夫妻が助け合って、家族が日々を生きる糧を得ます。農薬や化学肥料は一切使用しない自然の廻りを重視する栽培を試みたのでした。発病後彼女はほとんど寝たきりで時には重篤な状態となるが、徐々に体調を回復し、後に語り部をはじめ水俣の自然と人の再生を祈る「本願の会」や胎児性水俣病患者の支援を主宰するなど重要な社会的活動を担うことになります。治療に当たった医師は、それを奇跡だと言います。「ゆるしと食べもの」が彼女をその家族を蘇生させていったのだと思います。

水俣湾汚染の除去作業が進み、安全宣言が出されると（1997年）、杉本一家は、成人した子供たちを加えた親子で再び漁業に挑戦することになりました。今はなき網元であった祖父、進さんの「漁師は木を大切にし、水を大切にし、人を好きになれ」、「人を恨んではいけない。」の教えは杉本一家に生きています。肇氏の話の前に頂いた、一家が水揚げし、加工した無添加のシラスを山盛りご飯に盛って、おろし大根としょうゆをかけて食べた昼食の美味しさは格別でした。身体が癒されるその味を今静かに思い起こしています。（２０１６年１２月）

（１８）戦争と平和そして農業

『主は国々の争いを裁き、多くの民を戒められる。彼らは剣を打ち直して鋤とし槍を打ち直して鎌とする。国は国に向かって剣を上げずもはや戦うことを学ばない。』

（イザヤ書２章４節）

戦争の対極が平和であることは言うに及びません。その平和の象徴として農業が挙げられることが多いかと思います。文学の最高峰の一つとされる『戦争と平和』を著したトルストイも農業を最も平和的な生業であり、生きる基盤であると、いろいろな場面で説いています。戦争が人や自然への破壊行為であるならば、土から人を養う食べ物といういのちを生み出す農業を平和の象徴とすることは理に適っているでしょう。しかし、農業が自然に寄り添わず、その本来の姿を失っているとすれば、それはもはや平和の象徴とは言えないでしょう。

メソポタミアやギリシャ文明などの古代文明は、いずれも農業が大規模化し、大型の農機具の使用によって土壌の流失をまねき、それが原因で地域社会の混乱や紛争を誘発し滅んでいったといわれます（『土の文明史』、ディビット・モントゴメリー、片岡夏実訳、２０１０）。本来、農業は、家族を単位として、自然に寄り添い、地域の人々と互いに助け合いながら営まれてきたことは確かです。しかし、いつしか、少数の有力者や権力者が台頭し、農民から土地を収奪し併合して、森林伐採など環境破壊も繰り返しながら農業規模を拡大していったのです。

日本政府やＪＩＣＡは２００９年よりアフリカのモザンビーク共和国において大規模農業開発事業「プロサバンナ」を推進しています。しかし、地域農民は、市民やカトリック教会などの支援を受けて、忍耐強く抵抗運動を続けています。彼らは、ほとんどが耕作面積１０ ha 以下の小規模農家です。それら小農の農家たちが当地域の森林と水と肥沃な土壌を守ってきたのです。近年、この国では、外国資本によって、小農が守ってきた土地やコミュニティーの森林が奪われる事態が相次いで生じていると伝えられています。（『世界５』、舩田クラーセンさやか、２０１７）。国内では、大規模企業農業の実施に向けた土地改良法など農業規制緩和の法案が相次いで国会に提出され拙速に可決される状況にあります。

現政権が推進する経済最優先の市場原理による農業政策は、特定秘密法案、安保関連法、共謀罪さらに憲法改正への動きと軸を一つにすることに注視しなければいけません。国家主義の台頭はやがて戦争に向かうこと必至です。その動因は、アメリカやヨーロッパの移民問題にみられるように、他国民を排斥し、自国民の生活を最優先する論理にあるようです。為政者の甘言に国民は熱狂して国家主義が高揚していくのは歴史が示すところです。しかし、国家主義が、他国民のみならず、自国民をも最大の不幸に陥れることになるのは歴史が如実に証明しているところです。

国連は、２０１４年「家族農業」を推進する決議を採択しました。小規模の家族農業の持続的発展が食糧安全保障と国際平和への道であるとしたのです。今わたしたちは、お金ではなく、いのちの論理に立ち返る生活、社会の構築に向かうべき時機だと思います。そして、『国は国に向かって剣を上げず、もはや戦うことを学ばない』精神を世界に表明した日本国憲法を守ることに精魂を傾けることであると信じています。（２０１７年7月）

（１９）少年の夢

『わが子よ、父の戒めを守れ。母の教えを疎かにするな。それをいつもあなたの心に結びつけ首に巻きつけよ。それはあなたの歩みを導きあなたが横たわるとき見守り目覚めればあなたに話しかける。戒めは灯、教えは光。懲らしめや諭しは命の道。』

（箴言６章２０～２３節）

静岡市郊外の少年院・駿府学園から思いがけず情操指導の講師を依頼されたのは定年後２年目、２００６年春のことでした。中学３年から高校２年生までの少年をまとめて、講話によって指導を行うのが主な任務とのことでした。少年たちは殺人以外のあらゆる罪を犯してきたようです。それまでの人生で、頼まれれば引き受けるのがわたしの習性でしたが、この時ばかりは躊躇し、一週間考える時間が欲しいと返事をしました。前任者は高徳の僧侶と聞いています。この役が自分に勤まるだろうか、と考え悩みました。その挙句「自分は永く稲の研究をしてきた。稲の話ならできる」と思い至り引き受けることにしたのです。

その年の秋、初めて講話に向かうときは緊張しました。校舎に入ると付添の教官に誘われ厚い鉄のドアを鍵で開けて、鉄格子の教室に導かれてゆきます。恐る恐る教室に入り、確か６０人ほどの少年たちの顔に接することになりました。３名ほどの教官（厚生労働省管轄の）が立ち会います。ガキ大将のような相貌の少年もいましたが、総じて涼しい瞳の少年たちが多いのに意外な感じがしました。「稲から学ぶ」を主テーマとして、講話ごとに、「生きる力」、「幸せを実現するために」、「戦争と平和」などの副題を付けて話すことにしました。

そのとき話し始めて、しばらく、シラーとしらける空気が教室全体に満たされたのには内心衝撃を受けました。話し手としては初めての経験です。大人社会への冷ややかな批判、あるいは甘く生きてきたわたし自身の心の内を見透かされているような、いたたまれない切迫感に襲われました。時間が過ぎるのがとても長く感じられました。

予定通り、自然農法の稲の姿をスライドで示し始めると、その空気も少し和らいできたように感じました。ここぞとばかりに、ある少年を指さして感想を求めてみたのです。わたしは、その時少年が実に明解に語る言葉に内心驚き感動して、少年の感想に対する思う所を述べました。多分わたしの感動がその少年に伝わったのだと思います。少年の顔がいきいきと輝き始めました。それからは、指名はせずに、全体に稲の感想を求めました。また驚いたことに、少年たちは次々に手を上げて感想を述べるのです。少年の感想には一つひとつわたしもコメント付きで感想を述べます。このようにして、一挙に少年たちとの心の交流ができるようになりました。

すでにいくつかテーマ（副題）を挙げましたが、かなり難しいテーマであっても、少年たちと質疑応答を重ねながら進めると、講話の目的をうまく達成できることを見出しました。講話はわたしが一方的に語るのではなく、少年たちと共に作り上げるものだと思い知ったのです。これまで、小中学生、高校生、大学（院）生、市民などを対象に多くの場面で話す機会を持ってきましたが、少年院の講話で得た充実感はまた格別なものがあります。誰もが幸せになりたいと願っています。しかし、少年院の少年たちのその思いには切羽詰まった切実感があります。「更生し、まともな人間になり、早く鉄格子の教室から解放されて、故郷で父母や兄弟と一緒の生活がしたい」これが少年たちの夢です。決して有名人やお金持ちになることではなく、普通の生活がしたいということです。

３．１１以降、「普通の生活」の大切さや価値が日本国民に深く心に刻まれたはずでした。それもつかの間、３．１１の風化は想像以上に早く進行したようにみえます。人を助けて、自らは大津波に流されていった多くの人たちもわたしたちの記憶から消されていきます。お金至上主義の欲望ばかりが膨張して、わたしたちの社会に、いのち・未来を創る根っこが衰弱していく強い印象があります。あの少年たちが夢見る「普通の生活がしたい」は、実はわたしたちが今最も必要としている夢ではないでしょうか。

「人間も稲も同じだなと思いました。根っこの写真を見た時、見えるところじゃなく見えないところが大切。人間もそうだなと思いました。人に左右されず、自分のことを必死にやることが自分には必要だと感じました。」。ある少年の感想が胸を打ちます。（２０１７年１２月）

（２０）種はいのち

『種を蒔く人が種蒔きに出て行った。蒔いている間に、ある種は道端に落ち、人に踏みつけられ、空の鳥が食べてしまった。ほかの種は石地に落ち、芽は出たが、水気がないので枯れてしまった。ほかの種は茨の中に落ち、茨も一緒に伸びて、押しかぶさってしまった。また、ほかの種は良い土地に落ち、生え出て、百倍の実を結んだ。』

（ルカによる福音書８章５～８節）

食べものがなければ人は生きてはいけません。食べものを生み出すのは農の営みです。それら食や農が成立するためには種の存在が欠かせないのです。種は、種子とも、あるいは（植物）遺伝資源とも解釈できますが、いずれにせよ、種はいのちの源であることに違いはありません。

ペリー艦隊が突如浦賀に来航して、日本中を震撼させたのは１８５３年のことでした。ペリー来航の理由については、たいていの日本人が学校で学んでいるはずです。アメリカの国家戦略のひとつとして日本に通商条約締結を要求する、あるいは戦艦の燃料を提供するための寄港地の役割を担わせる等のことをわたしも学びました。

その重要な目的の一つが日本在来野菜の種の収集であったというと意外に思う人が多いかもしれません。大学在職中のことですが、わたしの専門である「植物育種学」の講義の中で、著名な米国人育種学者、R．W．アラード博士によって著わされた『植物育種の原理』（１９６０）を学生たちと原書で輪読していたときのこと、思いがけずそのような記事に出合ったのです。

世界いずこの国も農業を大切にし、種の保存・管理には極力注意を払っています。米国も建国以来、種の収集や保存が最も重要な農業政策のひとつであり、種の探索や収集には最大限の努力を払ってきた歴史があります。特に１８世紀以降、海軍の機動力を駆使して、地球規模で種の探索、収集に乗り出すことになりました。ペリー艦隊はその役割を担う代表的な存在だったということです。そのような記事に驚きながら、静岡県立図書館でペリー来航関係の日記を探し、2冊の著書、『ペリー日本遠征日記』（M．ペリー、金井圓訳、１９８５）、『ペリー日本遠征随行記』（S．ウィリアムズ、洞富雄訳、１９８０）を借り出して読むことができました。

期待したとおり、その事実を示唆する様子が至る所に登場してきました。ペリーの日記には、学術調査、特に作物種（遺伝資源）の探索や収集は遠征の重要な任務の一つであったと記されています。随行記には、その著者である植物学に興味をもつ宣教師が若い農学者や船員を連れて横浜近郊の山村を散策し、種々の野菜の種や標本を採集するようすや、興味深げに集まり彼らを取り囲み果ては採集物の荷造りを手伝う日本人の姿が活き活きと描かれているのでした。

２０１８年４月、「(主要農産物) 種子法」の廃止が閣議決定されました。このところ、日本の未来が破壊されるような荒唐無稽な法案が多く理不尽に閣議決定されていますが、種子法の廃止もその一つです。種子法は、１９５２年、サンフランシスコ講和条約の締結後に制定された、国が主要農産物の種を保存、管理し、安定かつ持続的に農民に供給するための法律であったのです。戦中戦後の餓えの悪夢が再現されないようにとの日本人の強い願望が込められていたことは周知のことです。それは同時に日本人全体が求めた平和への願いでもあったでしょう。

日本国は種を守る責任を放棄し企業に委ねる。種子法の廃止は簡単に言えばそのように理解できます。日本の種 (植物遺伝資源) の保存量は、もともと、米国、ロシア、中国、英国などヨーロッパ先進諸国に比べてはるかに少ないという現実もあります。種が市場原理あるいは経済至上主義という石地の道端、茨にからめ捕られ空の鳥の餌になった時、種はそのいのちを失うことは確かです。スヴァールバル世界種子貯蔵庫(*)の提案者・ベント・スコウマン (スウェーデン、１９４５~２００７) の言葉を最後に引用しておきましょう。「種子が消えれば、食べ物も消える。そして君も。」(２０１８年７月)

＊２００８年、植物学者のベント・スコウマンの提唱によって、ノルウェーのスピッツベルゲン島の中央の永

久凍土層の地下に建設されました。

（２１）マザー・テレサからの贈り物、メダイ

『主なる神は土（アダマ）の塵から人（アダム）を形づくりその鼻に息を吹きいれられた。人はこうして生きるものとなった。』

（創世記１章７節）

メダイとはポルトガル語でメダルのことを意味します。カトリック教徒が身に着けるお守りのようなものです。１９９7年9月２８日、わたしがインド、カルカッタ（現コルカタ）のマザーハウスを訪ねた折、マザー・テレサを看取った日本人シスターから「マザーからの贈り物です」と言ってそのメダイを手渡されました。その時メダイの一面から「土」の文字が目に飛び込んできて驚き喜びました。しかし、それが漢字の「土」であるはずがありません。大地に立つ十字架の像だったのです。

キリストの十字架は、ゴルゴダの大地に立ちました。それは、大地、人、天を神の息、すなわち「いち」で結ぶもっともリアルで普遍的な風景をわたしたち人類に示したものでありましょう。わたしは「自然農法」を生涯のテーマとして働いてきました。そのキーワードが「土」にあることは言うに及びません。自然農法では常に土づくりの大切さが強調されます。しかし、その背景に大地、人、天を廻る神の

息があることを知ることがなければ自然農法も空しいものになります。

１９７９年春、わたしは、国際原子力機関（国連食糧農業機関との共同部門・植物育種及び遺伝班）の派遣専門家としてバングラデシュの地方都市、マイメンシンの農業研究所で働いていました。ある日、カルカッタの市長をはじめ数名の行政官が当研究所を訪ねてきて、夕食を共にしたことがあります。会話に窮して、ふと思い立ってカルカッタで貧民救済の活動をするマザー・テレサのことを話題にしました。バングラデッシュに来る直前、千葉茂樹監督の映画「マザー・テレサとその世界」を観て感動し、その感動がなお心に強く残っていたのでした。

マザーの話題で会話は大いに盛り上がり、彼らの喜びも手に取るようにわかりました。その挙句、すぐにマザーに紹介すると言い出したのです。思いがけない話の展開に戸惑い興奮しながら「マザーに会ったら何をすればよいか？」などとあらぬ質問をしたものでした。すかさず「お金をあげるとマザーは喜びますよ」という答えが返ってきました。エット驚く一方、「それならできる」と妙に安心したことも思いだします。カルカッタはバングラデッシュから近くにありますが、インドとの国境を越えなければなりません。急遽、静岡大学事務局に電話で相談しましたが、ビザ取得の問題などで、残念ながらマザーとの対面は実現しませんでした。マザー・テレサは、その年の秋、ノーベル平和賞を授与され時の人となります。

それからずっと後、マザーの活動を支援していたあるインド人青年の案内で２０名ほどのグループに加わってついに憧れの人、マザー・テレサを訪問することになりました。しかし、１９９７年9月5日、マザーは心臓発作で急逝し、マザーとの対面への旅は墓前で弔い祈るという結果に終わったのです。マザーハウス内のマザーが眠る大理石の墓には絶えることなく多くの人たちが訪ね来て、墓に触れ涙を流し、立ち去りがたく永く静かに祈っていました。マザーハウスは、塵と埃にまみれた喧噪の街のただなかにありましたが、清浄で明るい光に満たされた心癒される場所でありました。

孤児を収容し自立させる施設「子供の家」（シュシュババン）に案内されたときのことです。薄暗い大きな室内にグループ一同がぞろぞろと入っていくと、室内のあちこちから幼子たちの喜び色めきたつ声が一斉に起こってきました。室内を見渡すと、柵付きのベッドが多く間隔をあけて置かれ、その中に幼子たちが遊んだり、横になっていたりしていました。脳性小児麻痺などの障害を持った子も多くいるようでした。世界から集まってきた多くのボランティアが哺乳瓶からミルクを与えるなどの面倒をみていました。日本人女性の姿も何人も見られました。室内をゆっくり歩きながら、ある2、３歳の女児の前に立った時、彼女はぴょんぴょん飛び上がり喜びを身体中に現し、何か言いながら、手に持っていたティシュペーパーを何枚もちぎってわたしに与えてくれたのです。ちぎったティシュペーパーは彼女の喜びを込めたわたしへの最高のプレゼントだったに違いありません。これもまたマザーからの贈り物であったのだと思っています。そのティシュはメダイとともに今も大切に保存しています。（２０１8年１2月）

（２２）天空に結ぶ棚田の村から

『天よ、露をしたたらせよ。雲よ、正義を注げ。地が開いて、救いが実を結ぶように。恵の御業が共に芽生えるように。わたしは主、それを創造する。』

（イザヤ４５章８節）

２０１９年の5月１４日から１９日にかけて、中国人の教え子龍春林さんの案内で中国貴州省の少数民族「苗族（ミヤオ族）」の棚田や村々を訪ねる機会がありました。苗族は、中国歴史の遥か彼方の春秋戦国時代に楚の国をつくり、揚子江流域一帯に住んでいたと言われます。しかし、いつしか、漢民族に追われ、多くは中国西南部の山岳地帯に逃れて、それ以来今日まで深い山間の地で、棚田を拓き、土を耕してひっそりと生き延びてきました。あちこちに逃れた苗族の分布は広くインドシナ半島の山岳地帯にも及びますが、その大半は貴州省に棲むといわれます。彼らは争いを好まず、自然と共にひっそりと暮らしてきました。日本人のルーツともいわれています。

いくつも深い山を越え、世界農業遺産に認定されているというある棚田を訪れました。天空に重なってそびえる山々の斜面いっぱいに、所々森を抱きながら、何万、何十万いや何百万かも知れない棚田が結び合い広がっていました。丁度田植え前で、いずれの棚田も水が張られたばかりで、昼の陽光を浴びてキラキラと光っていました。水牛を使って田を耕す人の姿が小さい点となってあちこちに見えています。農薬、化学肥料は全く使いません。機械も用いません。千年以上も前から、変わらず伝統的な方法で稲を作り続けているのです。地域に伝わる在来種の稲を用い、使役動物の糞尿と枯草などを混ぜて発酵させた自然堆肥を施しながら、除草は、人が手で抜き取るか、田で養殖する鯉や、野鴨を利用して行ったりします。鯉や野鴨はもちろん食料にもなります。

ある村のある家族を訪ねたとき、家族や親族の人たちとともに丸い大きな卓袱台（ちゃぶだい）のようなテーブルを囲んで昼食を頂戴することになりました。テーブルの中央には大きなボウルにもち米のご飯がいっぱい盛られていました。その周りに、糀で発酵させた鯉やその他多くの副食物が並べられています。箸はそれぞれに座る人の前に置かれていますが、何故かご飯のみは箸を使わず、みんなが手を伸ばし、しっかり手で握りしめて食べるのです。実はこれを見て内心大いに動揺しました。東南アジアや中国の田舎で何度か酷い食中毒を起こした経験が一瞬頭をよぎったのです。思い迷う時間は多くはありませんでした。遥か異郷の人たちと何かいのちを共有する心躍る場に在って、食中毒を心配する感覚はすぐに消え去りました。一つのボウルいっぱいに盛り上げたご飯をみんなと一緒に手でつかんで食べました。塩味の濃い鯉の糀漬けが白いご飯によく合って美味しかったことを、お腹も大丈夫だったこととあわせ、記しておきます。村の市場を覗くたびに地域に伝わる食べものの多様さに本当に驚かせられたこともお伝えしたいです。日本のスーパーでは決してみられない豊かな食の光景でした。

もう一つ印象に残ったことがあります。ある村の山間を歩いていたとき、思いがけず、木造の小さな教会に出合ったことです。教会の周りには美しい色とりどりの花が植えられていました。平日だったので教会は閉められていましたが、村人は、優に１００年以上日曜日ごとに教会に集い礼拝を守ってきたとのことです。自然崇拝の彼らの生活の中に、キリスト教信仰が調和し豊かに息づいていることに驚き心打たれたことでした。このような村でこそ、イエス・キリストの平和が実現しているのではないかと思ったものです。

地球環境の危機にも気づかぬふりをして狂騒する現代文明社会の遥か彼方にあの棚田の村々が貧しくひっそりと今も存在しているのです。あのような村々にこそ豊かな神の恵みがあり、人類の未来への大いなる希望があるのではないかと思っているところです。（２０１9年7月）

（２３）ふたつの灯

『命は慈善の道にある。この道を踏む人に死はない。』（箴言１２章２８節）、『弱者を虐げるものは造り主を嘲る。造り主を尊ぶ人は貧しい人を憐れむ。』

（箴言１４章３１節）

わたしが全国で稲の品種改良を行っている場所の一つに新潟県越後平野のほぼ中央に位置する三条市があります。ケーキ店を営みながら自然農法の稲作を実践する関勉さんの水田で、関さんや地域の農家の人たちと共に１０年にわたって育種試験に取り組んできました。関さんが望むケーキ作りに合う米粉の品種づくりも一つの育種目標です。例にもれず、試行錯誤を繰り返しながら、ようやく新品種育成にまでこぎつけたところです。

試験田からは西方向の彼方に名所旧跡の誉れ高い弥彦山と良寛さんが長年庵を結んだ国上山（くがみやま）が広く連なって見えます。越後平野の水田の片隅に佇んでいると、良寛さんが周りに群がってくる幼子たちと楽しそうに手毬をついて遊ぶ姿がほうふつと浮かび上がってきます。

越後平野は見渡す限り水田が広がる日本屈指の穀倉地帯であることは誰もが知っていることです。しかし、越後平野は信濃川をはじめ多くの大河川がひしめき、かつては幾度となく河川の氾濫に襲われ稲作には不向きな土地でした。農民は腰まで泥に浸かりながら稲を刈らなければなりませんでした。稲の実りは悪く、そこに生きる多くの人々は極度の貧困に喘いでいたのです。良寛さんは貧しい幼子たちの行く末を案じながら、その子らの心に全身全霊を込めて寄り添い手毬をついていたことをわたしも知ったばかりです。

その越後平野を豊かな米作地帯として蘇らせた功労者の一人に青山士（あきら）（1878〜1963）という人物がいたことを最近知る機会がありました。パナマ運河の建設にかかわったただ一人の日本人の土木技師です。新潟土木出張所長として、信濃川大河津分水路の改修工事を完成させ、越後平野の河川氾濫を防止する事業に貢献した人です。青山は、内村鑑三の門下生のキリスト者で、「私利私欲のためでなく広く後世の人類のためになる仕事をしたい」という心情を貫いて生きたそうです。国内外で偉大な仕事を多く完成させましたが、その記念碑に自分の名前を刻むことはありませんでした。

新潟大学名誉教授の真壁伍郎さんに、この夏（2019年）開かれた「静岡いのちの電話」20周年記念式典で講演をしていただきました。真壁さんは、日本のいのちの電話の創設者であるドイツ人宣教師ヘッド・カンプ女史と連携を取りながら、その活動に貢献した人です。真壁さんは、講演の冒頭で新潟農民の恩人ともいえる青山士（あきら）の生まれた土地（静岡県磐田市の出身である）に来る機会が与えられたことの喜びを熱く語られました。しかし、その地に住むわたしたちのだれも彼の名前を知らなかったのです。その偉大な業績を聞き、無欲に人類のために働き生きた人の迫力に衝撃を受け、そしてわが無知を恥じたものです。

真壁さんの話は青山士から良寛に及びました。良寛は、厳しい修業を積んだ禅僧でしたが、戒律にとらわれることなく、ただ乞食（こつじき）をしながら無為自然に生き、苦しみ悲しむ者たちに寄り添って生涯を全うしました。良寛の心の奥に潜む貧しい者たちへの激しい憐みの情にわたしたちは注目しなければいけないと、真壁さんが語ったのが印象的でした。

良寛と青山士というふたつの灯が交錯する越後平野の片隅から新しい稲の品種が生まれつつあることを嬉しく思っているところです。（２０１９年１２月）

（２４）天、共に在り

『あなたは地に臨んで水を与え豊かさを加えられます。神の水路は水をたたえ、地は穀物を備えます。』

（詩編６５章１０節）

中村哲医師が昨年（２０１９年１２月４日）アフガニスタンで援助活動のさなか何者かに銃撃され帰らぬ人となり半年以上が過ぎました。日本人の誇りともいえる存在の突如の喪失にわたしの心の空洞はなお埋まらないままです。中村医師は、１９８４年にパキスタンに渡り、ペシャワールでアフガニスタン難民への医療活動に従事しました。その後、難民の帰還地アフガニスタンに活動拠点を移し、内戦や空爆や旱魃に疲弊する地域住民の援助に生涯を捧げます。

わたしの手元に、１９９２年、まだ４５歳の若い中村医師を取材した朝日新聞記事『言いたい、聞きたい』の切り抜きがあります。当時、編集委員であった義弟、川上義則さんが、パキスタンでアフガニスタン難民の医療活動を行っていた中村医師に面会し聞き取りした記事です。当時の欧米を中心としたＮＧＯ（非政府組織）の援助活動は、難民の価値観や習慣を十分考慮せず、自分のプラン通りに事を運ぼうとする業績主義に映る、と苦言を呈しているのです。

中村医師の講演を聴いたのは2回ばかりですが、心に棲みついて忘れられない言葉が多くあります。「医療活動のみでは多すぎる病人に間に合わない。住民の健康を支える食べ物が何より大切だ。」との言葉もその一つです。医師は、２０００年以降、沙漠化した難民の村（東部アフガニスタンの一角、ジャララバード）に、総指揮・設計者として陣頭にたち、井戸を掘り、用水路の建設事業に乗り出します。掘った井戸は１６００本、用水路は３００km以上に及び、１６、５００haの農耕地を生み出しました。それは６０数万人の農民の生活を保障するものであるといわれます。工事は帰還した難民をはじめ現地住民を雇って彼らの生計を守りながら行ったものでした。

大河から水を引き入れる用水路は、江戸時代の伝統的工法を取り入れて建設したものです。力ずくで自然に対抗する近代工法より、自然の力（水流）をうまく受け流し、利用する日本の伝統的技術を選んだのでした。医師の郷里を流れる筑後川流域の享保年間（１７２２年）に建設された山田堰のほとりに佇み観察を飽かず繰り返してのことでした。この工法ならば、たとえ不具合が生じても地元住民自らの手で修復できることを考慮してのことでした。

中村医師は、ミッションスクールの西南学院中学（福岡市）３年生のときに、内村鑑三の著書に啓発され洗礼を受けます。この時、「将来自分は日本のために身命をささげる」と誓ったと自叙伝『天、共に在り』（２０１６）で述べています。さらに、その時以来「インマヌエル（神、われらと共にある）」を信条として生きてきたといいます。「イスラム教のモスクや神学校を建設したとき、現地の人たちは用水路ができた時以上に喜んだ」との中村医師の述懐は深く心に刻まれました。この言葉は、貧しく日々を苦闘しながら生きる人たちの心に、文明社会のわたしたちがとっくに忘れてしまった魂の救済を求める豊かな精神が息づいていることを思い起こさせてくれます。

中村医師が若き日に発した援助活動のありようについての苦言は今もそのまま世界に通用するものです。医師はその苦言を自らの課題として、たくましく解答を自らの身体で示しながら生涯を駆け抜けたのです。中村医師の死は耐え難く悲しいことですが、医師の残した遺産は地球の未来への最も大きな希望であるに違いありません。（２０２０年８月）

（２５）種を蒔く人

『涙と共に種を蒔く人は喜びの歌と共に刈り入れる。種の袋を背負い、泣きながら出ていった人は束ねた穂を背負い喜びの歌をうたいながら帰ってくる。』

（詩篇１２６章５～６節）

２０２０年、日本列島は、コロナ禍に加えて、未曽有の異常高温や豪雨・洪水など深刻な気候変動の惨禍に悩まされることになりました。わたしの身近では、棚田や農場の稲づくりにおいて、早生品種の稲が全く実らない、という奇異な経験をしたところです。稲は、出穂（開花）の前１０～１４日頃に減数分裂期を迎えます。生殖細胞の生ずる時期です。それは暑さや寒さに特に弱い時期でもあります。早生の稲が実らなかったのは、ちょうどその発育時期に異常な暑さに遭遇したからと考えられます。

江戸時代、過重な年貢に苦しめられた農民は、自ら各地域の風土に合う多様な種（品種）を作り、栽培して収穫量を増やしながら厳しい年貢取り立てに対抗し生き延びていきました。農民は種を蒔く人であるとともに種を創る人でもあったのです。幕府が「農民は生かさず殺さず」といいながら、年貢の取り立てを強化していくことと、農民の種づくりの競争の繰り返しによって、江戸時代には膨大なそして多様な稲品種が生み出された事実があります。しかも、農民は新しく生み出した種を決して独り占めにはせず、互いに分け合って用いました。

農業の近代化が進むほどに、栽培作物の種の画一化が加速していったことは周知のことです。そして、種が農民の手から離れていったことも。それは、また、種が（人の）いのちを守る糧から経済効果を促進する商品に変容していったことを意味します。戦後、１９５２年、食糧難の時代背景の下で、国は米、大豆、麦など主要農産物の安定的な生産と普及を推進する目的をもって「種子法」を制定しました。それが、２０１８年、種の管理を民間企業に委譲する形で廃止になったことは記憶に新しいところです。この１２月２日には、種子法とも密接に関連する「種苗法」の改定が参院本会議で可決され、２１年４月から施行されることになりました。１９４７年に制定された種苗法は、改定を繰り返すことによって、徐々に農民の自家採種権を縮小していったということになります。今回の改定によって全作物種で自家採種が規制されることになりました。農民が栽培した作物の種を翌年に自由に播くことができないという根本的矛盾をこの種苗法改定は含んでいることに注視すべきです。

種苗法改定や種子法廃止の背後には、「日本は工業製品を売って、食べ物は外国から買う」といった思惑がなお政財界にうごめいているのではないかと思います。現に、日本の食糧自給率（カロリーベース）は史上最低の３７％（２０１８年）です。農業の大規模化や企業化の話は常識のように語られる昨今です。今、話題の「スマート農業」は、土にも作物にも触れずスーツに身を包んだまま、ＡＩ利用によって農業が可能であるらしい。

わたしはこの１５年間、日本各地域の農家と共に、農薬・化学肥料を使わない自然農法に適応する稲品種育成の仕事を続けてきました。それは一つの冒険であったかもしれませんが、幸い各地域からその風土に合い、自然農法でも収量の上がる稲品種が生まれつつあります。これらの新しい品種たちがいのちを寿ぐ聖書のみ言葉「涙と共に種を蒔く人は喜びの歌と共に刈り入れる」を実現させるものであることを願っているところです。（２０２０年１２月）

（２６）神を愛し、隣人を愛し、土を愛す

『まことは土から萌いで正義は天から注がれます。主は必ず良いものをお与えになりわたしたちの地は実りをもたらします。』

（詩篇８５章１２～１３節）

愛農学園の存在を知ったのは比較的最近のことです。２０１２年夏、韓国で開催された日韓合鴨農民交流会に参加した折、聖書と有機農業を基礎とした教育を行う「プルム農業高校」に案内され大きな感動を覚えたことがあります。いや、衝撃を受けたと言った方が良いかもしれません。（本稿1章の１０、３６頁）。当時、そのような教育機関が日本にあることは想像できず、内心日本の教育の現状を憂い、かつ羨ましい気分があったことも確かです。それから何年か後に、日本においても、まさに聖書と有機農業を土台として学ぶ「愛農学園農業高等学校」が三重県伊賀市の草深い丘陵地の一角に開かれていることを知ったのです。しかも、プルム農学校とは古くから交流が続けられていたということでした。

２０１８年１０月の上旬、全国ディアコニアネットワークの秋のセミナーが愛農学園で開催されることになりました。ディアコニアネットワーク会長の小泉嗣牧師の姉上が、当学園の泉川道子音楽教員・

教頭であったご縁によります。その日の午後静岡から妻と共に遥々お伽の郷に往く心地で伊賀市の愛農学園に向かいました。最寄りの駅を間違えて降り立ち、心細さにくわえすでに陽は山陰に落ちていました。焦りながらタクシーを手配して行くことにしました。

丘や野や田畑をいくつも越え1時間もかかったでしょうか。もう暗い杉林の坂道を登りきって、学園本館の灯が見えたときは心より安堵したものです。本館に立ち入ると木造りのふんわりとした温かさと明るさに包まれて一気に心身が癒されました。この本館はもともとの３階建て校舎の３階部分を切り取った「減築工法」という方法によって再生されたものです。使用された木材は生徒や職員らが当校演習林の間伐材を運び出したものでした。

夕方７時からのセミナー恒例の開会礼拝は、泉川道子氏の司式とお話で始められました。そこでわたしたちは愛農学園の真の姿や成り立ちを把握することができました。翌日はまだ靄のけむる早朝、構内の同窓会館に一同が集まり朝食を頂きました。ご飯、卵、野菜、ハム・ソーセージ、パン、ジャム、牛乳など食卓に並ぶ食べものの材料はいずれも有機農業で運営される当農場で採れた新鮮そのものでした。身体の中に清新な力が染み入る食の体験でした。朝食後、しばらくの間、畑・果樹園・放牧地・養豚・養鶏場や図書館をはじめいくつかの教育施設を視察する機会が与えられました。案内役に加わった生徒たちの顔の輝きがとても印象的でした。

愛農学園は、終戦後の１９４５年末、小谷純一師が、自宅に「神を愛し、隣人を愛し、土を愛する」の三愛精神を基本として農村の若者を教育する「愛農塾」を開設したことに始まります。日本一小さな、生徒数６０名ほどの男女共学の私立農業高校です。全寮制で、自ら大地で育てたものを食べるダイナミックな実践教育によって、自給自足の精神と生活力を養うことを当校教育の趣旨としています。「農業者である前に人間であれ」のスローガンも真摯に守られています。「ここで学ぶうちに生命の大切さが身にしみてわかり、農業が好きでたまらなくなりました」というある生徒の話は、当学園の存在の確かさを証ししています。現代日本を先導する思想家によって、愛農学園の時代的あるいは未来的価値が高く評価されるようにもなってきました（内田樹、『日本習合論』、２０２０年）。日本一小さな愛農学園は、日本一大きな未来への希望と可能性を生み出す場でもあります。（２０２１年１２月）

第２章　いのち、はぐくむ

（１）稲は生きている

『大切なのは、植えるものでもなく、水を注ぐものでもなく、成長させてくださる神です。

（コリントの信徒への手紙３章７節）

わたしは、大学を定年後、伊豆山間のとある農場で稲の自然農法の研究を続けて５年目を迎えています。自然農法は、農薬、化学肥料は使わず、「自然の摂理に沿い、土本来の力を生かす」と定義されます。この一見風変りな研究を始めたのは１９９１年のことですが、すぐそのとりことなり、今はそれをライフワークと定めています。

３年目の９３年には、たまたま岩手県北部の松尾村（現八幡台市）でも実験を行っていて、未曽有といわれる大冷害の直撃を受けました。その年、日本は著しい米不足となり必要量の２０数パーセントに当たる２００万トンを外国から輸入したことはよく知られています。９月中旬、穂が色づき垂れる頃、現地に稲の様子を見に行きました。先ず、目にしたのは岩手山の麓に青々と広がる何気ない水田の風景でした。しかし、すぐにそれが異様であることに気づきました。すべての稲が空に向かってまっすぐに立っていたのです。

こんな冷害には遭ったことがないとそこで出会った老人たちは一様に沈痛な面持ちで話していました。ハット、われに返り急ぎ実験田に走り着いて目撃した光景をまた忘れることができません。自然農法の稲は凛として実り色づきはじめ光を放っているようでした。収穫のため1か月後に再び現地を訪ねました。わたしたちの自然農法の稲はほぼ完全に実っていましたが、周囲の稲はついに実ることはありませんでした。

稲は生きている、強く実感させてくれる出来事でした。稲はそれ固有のいのちを持ち、自然の変化に自在に反応しながら自らを成長させているということです。農薬、化学肥料、機械に過度に依存して作物を管理しようとする近代農業技術の矛盾あるいは人間のおごりが大冷害によって露呈されたと今も考えています。(2009年4月)

（２）パンは天からの贈り物

『イエスはパンを取り、賛美の祈りを唱えて、それを裂き、弟子たちに与えながら言われた。「取って食べなさい。これは私の体である。」』

（マタイによる福音書２６章２６節）

聖書にいくどとなく登場する「麦」は、地中海沿岸からイラクを経てアフガニスタンに至る西アジアの地域すなわち聖書の世界に起源し、世界中に広がっていったものです。この地には、また、世界で初めて農耕が始まり、それが、やがてチグリス・ユーフラテス川の流域に世界最古の文明をもたらすことになりました。その中で特に重要な役を担うことになったのが、人類の主要な食物、パンの材料である小麦でした。

人類は、農耕が始まったとされる一万年ほど前、エンメルコムギと呼ばれる野生の小麦を栽培することに成功しました。この栽培小麦とたまたま雑草としてその畑に混入した別の野生小麦、タルホコムギが交雑してできたのがパン小麦です。１９世紀の半ば、かつてイエスが活動されたガリラヤ地方からすぐ近くのヘルモン山で、パン小麦の祖先種である野生のエンメルコムギが発見されました。その後、へルモン山からヨルダン川流域の広い範囲で多種多様な祖先種が見つかり、２０世紀の中頃、ようやくパン小麦発祥の全貌が明らかにされたのです。

作物の起源地には、今も、多様な野生種や栽培種が存在しています。それらはいずれも食料増産の鍵を握る育種の貴重な材料あるいは遺伝資源となります。そのような起源地はまさに人類の未来を照らす宝の山といえます。膨大な時間をかけた麦の進化の中で、自然の精妙なからくりによってパン小麦が発祥し、そのおかげで人類はパンの恵みを受けることができました。麦の起源地は人類にとって特別の意味を持つわけです。

アメリカをはじめ西欧諸国が主導するイラク戦争（*）やアフガニスタン空爆（**）は、パンという彼ら自身のいのちの源流を自ら破壊していることになります。パンによって人のいのちが支えられていることは自明のことですが、聖書はまたパンはいのち、平和、神の祝福そのものであることを多くの場面で示しています。戦争は論外として、日々の生活の中においても、聖書の原点に返って、食べ物に向き合う姿勢が今わたしたちに求められているのではないでしょうか。（２００９年5月）

＊イラク戦争：２００３年、アメリカをはじめとする連合軍がイラクへ武力行使をすることで始まりました。イラクが「大量破壊兵器を保有している」という理由で始まりましたが、破壊兵器は結局見つかりませんでし

た。

＊＊アフガニスタン空爆：２０００年９．１１の同時多発テロを動機に、アルカイダ殲滅の目的でアメリカが行ったことは周知のことです。２０２１年夏アメリカ軍はアフガニスタンから撤退することになりました。

（3）落穂ひろい

『穀物を収穫するときは、畑の隅まで刈り尽くしてはならない。収穫後の落穂を拾い集めてはならない。ぶどうも摘み尽くしてはならない。ぶどう畑の落ちた実を拾い集めてはならない。これらは貧しい者や寄留者のために残しておかなければならない。わたしはあなたのたちの神、主である。』

（レビ記１９章９〜１０節）

もう何十年も前の１９８０年ころのことです。当時、世界の最貧国といわれていたバングラデシュに稲の研究指導のため滞在していました。ある日、若い研究者と少し離れた田園地帯に稲の採集に出かけました。雨季前の薄日射す緑の平原は、少しうねりながら、どこまでも遠く広く地平線まで続き、牛、山羊などの動物と人が無数にまじわりあって星のようにゆっくりと動いていました。そんな風景の片隅で、収穫後の田をゆっくり行き来しながら落ち穂を拾う数人の質素なサリーをまとった女性たちの姿をわたしは何気なく眺めていました。

あのミレーの作品「落穂ひろい」の静謐な画面が現出し、それをゆったり鑑賞するといった心情だったでしょうか。そのとき、長く続いた沈黙を破るように、同行の研究者が「あの人たちは非常に貧しい」

と語りかけてきました。この年、当地は未曽有の旱魃に襲われ、多くの農民たちは田畑を捨てて都市になだれ込んでいるというニュースにも接していました。街の路上はその日の糧を求める貧民であふれていました。あの女性たちもそのような人たちだというのです。

よく見ると、田の傍らにはやせこけた裸の赤ん坊が転がされています。彼女らの手にはわずかの稲穂しかありません。一日中さまよい拾い続けても、一握りにもならないだろうとのことでした。美しい風景の向こうに人々の苦しい生活の現実が隠されていることを思い知らされて衝撃を受けた記憶が蘇ってきます。その後バングラデシュは工業化が進み、経済成長も著しいようですが、一方、貧富の格差は一段と広がり、貧困はなお、その社会に強く根を張っていると聞いています。

現在、地球上の栄養不足人口は１２億人（「地球白書」より）ともいわれています。工業化による経済成長はもはや世界の趨勢ですが、その一方で、貧困が増大するという矛盾の前にわたしたちは立たされています。その過程で、落穂拾いの風景はひっそりと姿を消しつつあるのではないでしょうか。それは、確かに哀しみの風景に違いありませんが、落穂を貧しい人々のために残す田畑をわたしたちの心と社会に生かし続ける必要があると考えています。（２００９年６月）

（4）野菜と肉

『見よ、全地に生える、種を持つ草と種を持つ実を付ける木を、すべてあなたたちに与えよう。それがあなたたちの食べ物となる。』

（創世記1章29節）

『粗食のすすめ』（幕内秀夫、1995）という本がベストセラーになったことがあります。ここでいう粗食を一言で言い表すと、ご飯、みそ汁、漬物を基本とし、副食に季節の野菜、魚介、海藻を、ということになりましょうか。肉や食肉加工品、油脂類、砂糖類などの食材に偏る、いわゆる西洋化した日本人の食生活に対する警鐘として、人々の耳目を集めたのでしょう。

神が最初人間に与えた食べものは、穀類や野菜、果樹類でした。菜食のすすめということになります。肉食が許されるのは、ノアの洪水の後、ノアとその息子たちに「産めよ、増えよ、地に満ちよ」（創世記9章1節）と神の祝福が与えられた以降のことです。ただし、肉食に際しては、血や脂肪は決して食べてはいけないとか、新鮮なうちに食べるべきだとか、いろいろな条件が付されました。

バビロン捕囚の時代、歴史を彩る国々の光芒を予言し、救い主イエスの到来を告げた預言者ダニエルの少年時代のエピソードを聖書は伝えています。肉類と酒を避ける菜食によって少年の健康と知性は一段と輝きを増したというものです（ダニエル書1章12～15節）。

この何気ない記載からも、聖書の食に対するメッセージが伝わってきます。肉を禁じてはいませんが、パンやその土地で採れる野菜、果樹類そして魚を主とした食生活を聖書は勧めているように思います。地中海沿岸を含めた聖書に登場する土地には野菜や魚が豊富にありました。わたしたちが日ごろ目にするキャベツ、レタス、ニンジンなど多くの野菜類はこの土地に起源し世界中に伝えられたものです。

鶏卵、鶏肉、豚肉、牛肉を１kg生産するのにそれぞれ３、４、７、１１kgのトウモロコシを要するといわれます（２００６年国連食糧農業機関資料）。先進国の肉の消費量は途上国の約３倍です。飢餓の１０億人に対してほぼ同じ栄養過多の人口があるという資料もあります。飢餓も栄養過多のどちらも病んでいることに変わりはありません。わたしたち一人ひとりが食べ方を少し変えることによって地球は元気を取り戻す、というと幻想になりましょうか。（２００９年7月）

（５）山間の小さな棚田から

『いちじくの木から教えを学びなさい。枝が柔らかくなり、葉が伸びると夏の近づいたことが分かる』

（マタイによる福音書２４章３２節）

いちじくの木が黄緑色の柔らかい枝を伸ばし、若葉をつけるその節々からは青く幼い実が生まれ出る季節となりました。庭先の茱（ぐみ）は赤く輝き、紫陽花も色づき始めています。夏は目前に迫り、わたしたちの棚田では田植えの準備が始まったところです。清流で知られる藁科川（静岡市）上流域にある清沢地区（旧清沢村）山間の荒れた棚田を修復し、自然農（法）による稲作を始めて１０年目になります。豊かな自然や稲から学ぶ場という意味でこの棚田を「清沢塾」(*)と呼んでいます。

田面を覆いつくした草、ブッシュ、竹を払い、崩れた石垣を修理し、沢からパイプで水を引いて、山の上方に向かって一段ずつ棚田を復元していきました。耕さないまま草の中に苗を植え、稲の成長に応じて鎌で草を刈りその根元に置いていきます。そのような田は沢蟹、イモリ、蛙（天然記念物のモリアオガエルもいます）、トンボ、蜘蛛など実に多様な生き物が棲む世界でもあります。３年目頃からは蛍が現れ始めました。その餌となるカワニナも年々増加し、今では無数の光の乱舞が初夏の棚田の夜を彩るようになりました。

自然は、人の関わり方によって、また新たなやさしい顔を現してくれることに気づかされます。田に生い茂る草は、時を経るほどに稲の栽培が容易になるように変遷してきているようですし、当初悩まされた稲の病気（イモチ病）もこのところ目に見えて少なくなってきました。里山への侵食が話題となる竹にしても、棚田を復元し水を湛えるとすぐにその姿を消していきました。

人が自然に寄り添えば、自然はより多くのものを与えてくれる。山間の小さな棚田で実感し、学んだことのひとつです。無限ともいえる多彩な自然の働きやしるしのほんの一部にでも気づき心を留めることができれば、その向こうに潜む明るい生命（いのち）の息吹に出合うことができるのではないでしょうか。「人間が自然と和解するとき、人間の魂は再び輝き始めるだろう」（レイチェル・カーソン、1962、『沈黙の春』）こんな言葉が蘇ってもきます。わたしたちの棚田にどうぞおいでください。御言葉を学ぶにもとてもよいところです。（2009年8月）

＊清沢塾：静岡大学50周年記念講演会〈静岡放送・新聞との共催で行われました〉がきっかけでした。1999年12月、「21世紀の食料を考える」のテーマで、自然農の提唱者川口由一さんと対談をしたとき思い立ち、受講者に、「一緒に農業を体験しよう」と呼びかけ、翌2000年4月に活動が始まりました。2019年

までの２０年間はわたしが塾長として主宰してきましたが、２０２０年からは新塾長の下に活動が続けられています。

（６）故郷

『親子は主の律法で定められたことをみな終えたので、自分たちの町であるガリラヤのナザレに帰った。幼子はたくましく育ち、知恵に満ち、神の恵みに包まれていた。』

（ルカによる福音書２章３９～４０節）

昨年（２００８年）秋、全国デイアコニア・ネットワークのセミナーに参加して、韓国の古都、慶州市の郊外にある「ナザレ園」を訪ねました。そこには、戦争中、日本人妻として韓国に渡り、不遇を重ね辛酸をなめつくして行き場を失った２０名ほど(＊)の年老いた女性たちが人生最後の日々を送っています。隣接する教会で午後の礼拝をともにし、しばし交流の時を持った後一緒に賛美歌「主われを愛す」を歌って別れることになりました。ところが、それを歌い終わる間もなく、どちら側からともなく自然にあの唱歌「故郷」の歌がわきあがり大合唱となりました。

第三番「こころざしをはたして、いつの日にか帰らん、山は青き故郷、水は清き故郷」までくると、胸がつまって声が出なくなりました。想いはみんな同じだったでしょう。歌いながら、心は確かにひとつになっていました。実は、生きては再び故郷に帰ることのできない彼女たちと、その日本からやって来て、すぐまた戻り行くわたしたちとの間には大きな心の溝があるのではないかと密かに気にかかっていました。そんな杞憂がとけ去り、癒されたのは、彼女たちの突き抜けるような朗らかさと寛容さに包まれたからにちがいありません。

あの三番には、生涯をかけて信仰という志を果たして天国に帰る、という意味があるとも言われます。日本の近代音楽の基礎をきづいたとされる、「故郷」の作曲者、岡野貞一（１８７８～１９４１）は、生涯をキリスト教への信仰に捧げた人でもありました。音楽活動のかたわら、教会礼拝のオルガン奏者を４０年以上にわたって務めていました。その作詞者の意図は別にしても、この歌には、イエスへの深く敬虔な心が響いていることは確かです。

「韓国の土にはなっても、魂は日本の故郷に帰る」という年老いた日本人女性たちの望郷の念は想像に難くありません。そのような重い言葉の前にわたしの心はたじろぐばかりです。山も川もすっかり汚れてしまった日本に彼女たちの魂が帰るべき故郷は在るのだろうかと。しかし、共に歌い涙を流していた時、彼女たちが見ていた故郷は、日本よりはるかに遠く美しい国、神の国だったのではないかと、今は思えるのです。（２００９年９月）

＊２０１９年現在、収容者の平均年齢は９５歳で、寝たきりの人が多く、４名のみ元気で過ごしておられると

聞いています。

（7）種をまくとき

『何事にも時があり、天の下の出来事にはすべて定められた時がある。生まれる時、死ぬ時、植える時、植えたものを抜く時』

（コヘレトの言葉3章1～2節）

わたしは、大学在職最後の１４年間は長野県飯島町の駒ケ岳山麓に住む農家の水田を拠点に研究を進めていました。５月中旬の田植えの時はいつも雪の残る美しい山並みが眼前にそびえていました。田を潤す水をはじめ、土地の人々の生活は豊かな山の恵みに支えられてきたのです。稲の種まきは、春が巡り来てその頂上付近に「灰まきばあさん」が現れたら始めたのだといいます。雪がとけ黒い山肌が、畑に灰をまくおばあさんの姿になったら、ということです。その時が種播きの適期で、最も多い収穫をもたらせたといいます。

日本では鶯やカッコウの初鳴き、桜やコブシの開花など多彩な自然の移り変わりを指標にして農作業を行うのが普通でした。農業は自然の営みとともにあったのです。そのような農業が様変わりしてきたのは高度経済成長が始まって以降５０年ほどのことです。農業は限りなく工業化し自然から遊離していきました。現在、稲の種播きは、日本中ほぼ同じ春先に多く企業が加温装置を用いて行っています。農家は自ら種を播かず、企業が育てた苗を購入して田植えをするのが恒例になりました。

人類はもともと月や太陽の運行、自然の移り変わりを規範として暦や時計を考え出したことは周知のことです。時間という概念は、自然と人との共生関係の中から生れてきたといってよいでしょう。しかし、いつの頃からか時間が独り歩きを始めます。人間は、都市化、工業化した社会の只中で、自らが作ったはずの秒や分刻みの時間という網に絡めとられて、自然やいのちの時から遠く引き離されてしまったといえます。経済大国といわれながら、年間3万人以上(*)もの自殺者を出し続ける日本の現状は端的にそのことを物語っています。

「時」は、本来自然やいのちの側のものであり、すべて神の賜物であることを聖書は示しています。わたしたち一人ひとりも、社会全体も、自然に寄り添いその声を聞きながら生きるありようを模索する時機です。効率や競争や市場経済発展といった幻想から抜け出し、互いに助け合い、いのちを大切にする人間であり社会でありたいものです。その道にこそ、わたしたちは人生のあらゆる時に生じるすべての出来事を、神の賜物として受け容れ、喜びをもって生きていく業を見つけ出せるのではないでしょうか。

（2009年10月）

＊１９９８年〜２０１１年日本の自殺者数は年間３万人を越えていました。２０１２年に３万人を割り、それ以降減少していましたが、２０２０年、コロナ禍の影響もあってか増加に転じています。特に、４０歳代の女性及び１０〜２０歳代の若年層の自殺者が増加していることが注目されます。自殺問題は変わらず日本社会の深刻な課題といってよいでしょう。

（８）食卓の風景

『一緒に食事の席に着いたとき、イエスはパンを取り、賛美の祈りを唱え、パンを裂いてお渡しになった。すると、二人の目は開け、イエスだとわかったが、その姿は見えなくなった。』

（ルカによる福音書２４章３０～３１節）

２００９年４月中旬のある夕方、激しい腹痛に襲われて病院に駆け込みました。そこで腸重積と診断され、思いがけず緊急の手術となりました。その時以来、大分時間は過ぎましたが、今も腸の機能は回復せず、わたしの身体はなお非常に繊細な状態にあります。特に食事には細心の注意が必要です。食べ物の種類や食べ方によってわたしの腸は鋭敏な反応を示すのです。肉や魚は受けつけず、いきおい野菜や穀類を主としたメニューになります。また、よく噛んで心静かに食べなければいけません。今さらながら、食べることの厳粛さを思い知らされているところです。

しかし、病の状態にあるわたしのむしろ特異な感性や経験は、健康の回復とともに消え失せていくに違いありません。そうであればこそ、日常生活において、何をいかに食べるかといった「食べる形」が必要になってくるということでしょう。最近、『禅』という映画を観る機会がありました。僧たちが、祈りとともに、厳かにそして端正に食事をするシーンがとても印象に残りました。料理をすることも含め、食べることが最も重要な修行のひとつであると、映画は語っているようでした。食べることが他の生き物のいのちを摂り込んで、自らのいのちとする業であることを考えれば容易に納得できます。

「失って初めて気づく大切さ家族そろって囲む食卓」。わたしが情操講話という授業を担当するある少年院の少年が詠んだ歌です。罪を犯して後悔と絶望感に沈む少年の心象をよく表していて心打たれます。父母や兄弟らと囲んだ食卓は少年の人生の原風景だったのでしょう。この歌は少年自身の未来に向かう祈りともなっていましょうが、日本社会から食卓の風景が揺らぎ遠のき始めているという事実にこそ問題があります。子供たちの孤食が取沙汰されてからも、もうずいぶん経っています。食べものを分け合う食卓があってこそ、食べる形が創られていくというものでしょう。

日本人は自ら食べる7割以上の食糧を外国から輸入しています。しかも、その3分の1に当たるほぼ2000万トンの食べ物を捨てています。飽食の只中で自殺者は11年連続で3万人を超えているということもあります。わたしには、揺らぐ食卓の風景の向こうに、一見脈略がないように思えるこれらの出来事が重なって見えてきます。自らいのちを育て、いのちを食べる、という食べることの根底に潜む記憶を蘇らせることが今わたしたちに求められています。そして、何よりも、いのちに預かる食卓は神の祝福そのものであることに想いをいたすことが大切ではないでしょうか。（2009年11月）

（９）自然と共に生きる

『神は言われた。「我々にかたどり、我々に似せて、人を造ろう。そして、海の魚、空の鳥、家畜、地の獣、地を這うものすべてを支配させよう。」』

（創世記１章２６節）

１９６０年代の終わり、地球環境の破壊は、神が人間に自然を支配させようとした、とする創世記の思想にその根源があるとする説（『機械と神』、リン・ホワイト、１９６８）が登場し、新たに生じてきた「環境思想」の分野で大きな議論を巻き起こしました。レイチェル・カーソン（１９０７〜１９６４）がＤＤＴなど農薬の害を立証し、地球の危機を警告して世界に衝撃を与えた何年か後のことでした（『沈黙の春』、１９６２）。その学問的議論は別にしても、日ごろ聖書に親しむ者としては、やはりこの問題を避けて通ることはできません。一言触れておこうと思い立ったわけです。

論点は「支配する」という言葉にあることは明白です。この点について質問された時、私は少し躊躇しながら、その真意はケアすることなどと説明してきました。ケア（ＣＡＲＥ）はもちろん世話をすることですが、その専門用語としてはＣＵＲＥすなわち治癒の意味も含まれるそうです。人間は自然を世話し治癒する義務が神から与えられた、ということになります。そこには、また、人間は自然からケアされる存在でもあるという深い神の配剤が隠されていることも確かです。わたしの知る限り、日本語、英語の聖書の多くは文字通り「支配する」ですが、まれに「治める」という表現のものがあります。

世界的霊長類学者でありキリスト教の敬虔な信仰を持つ英国のジェーン・グドール博士は、著書『森の旅人』（角川書店、２０００年）でこの問題を取り上げています。「支配する」の元々の意味は、相手を意のままに従わせる支配ではなく、おもいやりと敬意をもち、秩序を保ちつつ「治める」、であると説いています。彼女はチンパンジーが道具を使うという世紀の大発見をして世界を驚かせました。それは、単身で猛獣が跋扈（ばっこ）するアフリカの原生林に分け入り、まさしく自然と一体になりながら永年にわたって観察を続けた結果のことでした。

ヘブライ語の聖書原典に照らしてみると、問題の箇所は、「支配する」ではなく「共に生きる」とするのがふさわしいという話を、最近、わたしは日本福音ルーテル教会の川口誠牧師から直に聞く機会を得ました。驚きとともに、心が晴れわたる心地がしました。聖書の全編を通して流れる愛は、自然に対しても注がれていることは明らかです。イエスへの深い信仰の道を歩んだ多くの先達のように、その愛を静かに実践していくことこそが聖書に親しむものの努めであろうと思うこの頃です。（２００９年１２月）

（１０）苗半作

『わたしは彼らのためにすぐれた苗床を起こす。この土地には二度と凶作が臨むことなく、彼らが諸国民に辱められることは二度とない。』

（エゼキエル書３４章２９節）

「苗半作（なえはんさく）」という言葉を耳にすることはもうほとんどなくなりました。農業が日本の基幹産業であった時代、それはごく普通に人々の口に上る大切な用語でした。苗を上手く育てれば作物の栽培はほぼ成功したようなものだ、という意味です。農業における苗作りの重要さを表していることは言うまでもありません。いきおい種を播き育てる苗床をいかに作るかが問われていることにもなります。

かつて自然農法の研究を始めた頃、農薬や化学肥料を使う一般の農法に比べて、自然農法稲の初期生育が遅いことに驚かされました。田植え後一ヶ月ほどを経過する間、その草丈は低く、茎数も少なくて非常に貧弱にみえました。そのような稲を田から抜き取ってみてまた驚きました。見た目とは裏腹に、地下に張る根は太く長く伸びていたのです。このような形で未来に生きる確かな力が蓄えられていたのでしょう。稲は本来環境をよく見、その変化に自在に合わせて自らを成長させていきます。大冷害のさなか、凛として実っていた自然農法稲の姿はそのことをよく物語っています。

ゆっくりと成長する自然農法の稲の姿からは、子育てにかかわる貴重な示唆が与えられると思っています。わたしたちは子供たちの外面的な姿にとらわれて、その心の根を見ることがなかなかできません。成長を忍耐強く見守ることをせず、あれこれとうるさく管理しようとしがちです。自然農法は何もしない農法と揶揄（やゆ）されることもありますが、けっしてそうではありません。その基本は作物をよく見て育てることです。いのちは、見られることによって輝く。自然農法の研究をとおして学んだことのひとつです。

今、ドストエフスキーの小説『カラマーゾフの兄弟』がよく読まれていて話題となっています。そのエピローグで、主人公、天使の心を持った３人兄弟の末っ子、アリョーシャがこんなメッセージを発します。「親とともにある子供の時に、すばらしい思い出がいっぱい与えられれば、その子の一生は幸せになる。」。農業における苗床の重要さは、そのまま人間にも通じる話ではないでしょうか。（２０１０年１月）

（１１）分け合う

『イエスは五つのパンと二匹の魚を取り、天を仰いで、それらのために賛美の祈りを唱え、裂いて弟子たちに渡しては群衆に配らせた。すべての人が食べて満腹した。』

（ルカによる福音書９章１６〜１７節）

洗礼を受けて四半世紀が過ぎました。当初は、聖書の奇跡物語は教えを説くための寓話だと思っていました。しかし、教会生活や様々な人生経験を重ねるうちに、いつしかイエスの奇跡は、すべて事実として受け容れられるようになりました。冒頭の四つの福音書に登場する奇跡の話も実際に生じたこととして、それが伝えるメッセージは「食べ物はいのちであり、いのちは分け合うことによって輝きを増す」ことだとある日気づかされました。自然農法の研究を通して、人の食糧となる稲もまた、固有のいのちを有する「生きもの」であると実感させられた時、この奇跡の風景が思い浮かんできたのです。

農薬や化学肥料を使用しない自然農法では、稲の玄米収量は平均２割の減少となります。しかし、その米は、美味しい、栄養価が高い、貯蔵性が高いなど減収を十分に補う長所があります。また、自然農法稲は、冷害、旱害、風害や病虫害など種々の環境ストレスに強い、すなわち生命力が強いことはすでにいろいろな場面で実証されています。食べ物の価値は、計測可能な量によってではなく、むしろいのちの大きさあるいは生命力によってこそ評価されるべきであろうと思うわけです。

かつて、世界の最貧国といわれたバングラデシュに滞在した間、寄り添ってくる貧しい子供たちに食べ物を与えると、彼らはわざわざ友達を呼んできて分け合って食べる光景に幾度となく接したものでした。それは、確かに愛の行為にほかなりませんが、彼らはわずかなものでも分け合うことによって自らのいのちが元気になるのを潜在的に知っていたのかもしれないと、今は考えています。ナチスドイツの強制収容所で、病人や弱っている人々に、自らに配られたわずかな食べ物を分け与えたような人達が強く生き抜くことができた、という話はよく知られていることです（『夜と霧』、ビクトール・フランクル、みすず書房）。

現在、地球上の飢餓とその対極にある栄養過多の人口はそれぞれ１０億人ともいわれます。この事実は、分け合わないことによって生ずる人間の悲しい姿を浮き彫りにしているのではないでしょうか。イエスがたった5個のパンと2匹の魚を用い５０００人もの糧とした奇跡は、現代の人類全体に向かって、分け合うことの大切さを強く語りかけています。そして、それは人類の未来に向う確かな道筋と大きな希望を示すものでもありましょう。（２０１０年2月）

（１２）いのちの電話

『命は慈善の道にある。この道を踏む人に死はない。』

（箴言１２章２８節）

わたしは、４年ほど前から、「静岡いのちの電話」を運営の面から支援するボランティアを始めています。電話相談による自殺防止を目的とした「いのちの電話」は、１９５３年、英国で一人の少女の自殺に遭遇した牧師、チャド・バラー（１９１１〜２００７）が、その悲しみを乗り越えて創設した「サマリタンズ（よき隣人）」に端を発します。日本では、１９７１年に初めて東京で開設され、今では全国各地の５０ヶ所ほどで活動が展開されています。「静岡いのちの電話」はそのひとつで、丁度１０周年を迎えたばかりです。

その活動の中心を担う相談員は、人に知られず、ほめられることもなく、もちろん無報酬で、日夜ひっそりと、電話を通じて人のいのちの重さに向き合うことになります。そこには真のボランティアの姿があるといえます。専門的な訓練を受けているとはいえ、その活動の中で傷つき疲れることもあるはずです。しかし、身近に接する彼らからは、いつもある種の輝きが感じられます。

最近、相談員の有志が棚田（本紙第2章「5」参照）の稲作りに参加するようになりました。自然や稲に触れて心身をリフレッシュしようとしてのことです。みんな、初体験だったとのことでした。田植えが終わってしばらく経ったある日、わたしは面白い発見をしました。彼らが植えた稲が、他の参加者のものに比べて元気が良いのです。興味をもってよく観ると、実に丁寧に植えられていることがわかりました。その生育の良さは秋まで続き、収穫量も最高でした。これは、人のいのちに向き合う心が稲にも通じた証とも言えそうです。

いのちは、元々「生きたい」と願っているはずです。しかし、あらゆるいのちが互いに繋がり合っているという前提で、このいのちの本質は立ち現れるのではないでしょうか。いのちの電話は、電話をかける人とそれを受ける相談員が互いに心を通わせながら、生きたいといういのちの本質を呼び起こす作業ともいえましょう。

日本では、１２年連続で自殺者が年間３万人を超えています。この数は、旧ソ連圏のいくつかの諸国を除いて世界最多となります。自殺の問題は、日本の政治、行政が取り組むべき最大の緊急的課題だとわたしは考えています。しかし、一方、わたしたち一人ひとりも日常生活の中で、自分のいのち、他者のいのち、あらゆる生き物のいのちに向き合い、互いにいのちを輝かせる生き方を選択していくことが求められます。その選択肢の一つにボランティア活動すなわち慈善の道があることはいうまでもありま

せん。（２０１０年３月）

（１３）まことのことば

『初めに言があった。言は神と共にあった。言は神であった。この言は、初めに神と共にあった。万物は言によって成った。成ったもので、言によらずに成ったものは何一つなかった。言の内に命があった。命は人間を照らす光であった。』

（ヨハネによる福音書１章１〜４節）

「まことのことばはうしなわれ、雲はちぎれてそらをとぶ、ああかがやきの４月の底を、はぎしりもえてゆききする、おれはひとりの修羅なのだ」。宮沢賢治の有名な詩『春と修羅』の一節です。この詩が作られた日付は１９２２年４月８日となっています。生命が躍動を始め、空気が澄み渡るまさに声明の節気のころです。釈迦が誕生したとされる花祭りの日であり、イエス・キリストの復活の季節にも当たります。時代はといえば、大正ロマンと称された風潮に、世界大恐慌や満州事変など、第二次世界大戦へと繋がっていく兆しが陰を落とし始める時機でした。

わたしは、中学校時代の恩師の影響を受けて、詩人であり、農民と共に生きた農学者でもあった宮沢賢治に強く惹かれるようになりました。それが農学を志した大きな動機でもあります。今も、折にふれて、深く広いその魅力ある世界に触れていますが、なお、多くの言葉の全貌を読み取ることができないでいます。『春と修羅』で重ねて表現される「まことのことば」もそのひとつです。しかし、この言葉の前にたたずむ時、いつも冒頭に挙げた聖句が浮かんでくるのです。

賢治の詩や童話を紡ぐ言葉からは、悲しいまでに、いのちに寄り添う精神が伝わってきます。彼の共感は、農民をはじめ、小さな虫や草花のいのちにまで及びます。「世界が全体幸福にならないうちは個人の幸福はありえない」という賢治のよく知られたメッセージには、人間のみならず植物や動物、すべてのいのちがその視野に入っていたことは確かです。「まことのことば」とは、いのちに寄り添い、いのちを創る言葉といってよいでしょうか。戦争と破壊に向かう時代の空気の中で、「まことのことばはうしなわれ」とうたった賢治の孤独な姿が浮かび上がってきます。

聖書は、「光あれ」という神の言葉によって光が創造されるところから始まります。初めにあった言葉は、今もなお地上のあらゆるいのちを再生し、創造し続ける希望そのものであるに違いありません。イエスは、その言葉の具現、あるいは言葉そのものであると証しする聖書が人類にゆるぎない希望を提示していることはまた当然のことでしょう。時はちょうどイエス復活の季節です。わたしたちは、今、一人ひとりが自らを変え、まことのことばをもって、いのちの危機に瀕しているこの惑星を蘇らせる生き方を選び、実践していきたいものです。（２０１０年４月）

（１４）音楽の恵み

『全地よ、主に向かって歌え。日から日へ、御救いの良い知らせを告げよ。』

（歴代誌上１６章２３節）

日野原重明博士は、音楽の癒す力に着目し、早くから音楽療法を試みてきた人としても知られています。もともと神を賛美する音楽が人の心身を癒す話は聖書にもたびたび登場してきます。わたしも稲の研究でバングラデシュに滞在中（本誌第2章「3」参照）、音楽に救われた不思議な経験をしたことがあります。

ある蒸し暑い日の夕方、稲の採集旅行のため列車に乗ろうと、現地の研究者に伴われて街はずれの駅に行きました。初めて見る駅の構内は、身動きできないほどに人や家畜が入り乱れ、舞い上がる砂埃にまみれてごった返していました。人込みのいたるところに裸同然の病人が倒れ臥し、牛や山羊や鶏までが生死不明のまま横たわっています。人々は、それらを気にすることもなく、ただ騒々しく動き回っていました。しかも、予定の列車はいつまで待っても来ません。夜が更けるほどに、駅はますます騒乱の空気に包まれていきました。

わたしは疲労困憊して気分が悪くなり何度も嘔吐しました。明け方近くになって、我慢もついに限界に達したようでした。全身から力が抜け、遠くなる意識の中で自分の身体が崩れ落ちるのを感じました。ちょうどその時、突然わたしの体内からバッハのロ短調ミサ曲のある楽章が鳴り響いてきたのです。はっとして、それに聴き入るうちに意識も明瞭になり、衰弱しきった心身が癒されていきました。列車はとうとう来ず、白々と明けた朝を無事宿舎に戻ることになりました。

しかし、それから数日後、今度は重い食中毒に罹りました。激しい下痢や嘔吐による一滴の水も受け付けない極度の脱水症状に陥り、病院に運び込まれました。４０度の高熱と激しい頭痛が幾日も続く危険な状態の中で、確かに「もう日本には戻れない」と考えていました。しかし、一方、そのように考える意識のもっと奥からは、「生きる」といういのちの意志が絶えず湧き上ってきて、わたしの心は平安でした。もうあの音楽が耳に響いてくることはありませんでしたが、その調べは意識の底で豊かに流れていたのだと思います。

実は、渡航の前、毎日のようにロ短調ミサ曲を聴いていました。そのころ読んだ小説『宣告』（加賀乙彦著）で初めてその曲名を知りレコードを買い求めていたのです。主人公の死刑囚が、間近に迫る死の予感に呻吟しながら、たまたま教誨師である神父の計らいで聴いたその曲に深く心癒される場面が印象に残っていたからです。いずれにせよ、遠い異国の地でわたしの心身に生じた奇跡のような出来事は、

バッハのロ短調ミサ曲という音楽を介して与えられた神の恩寵だったに違いありません。（２０１０年５月）

（１５）身土不二

『主なる神は、土（アダマ）の塵で人（アダム）を形作り、その鼻に命の息を吹き入れられた。人はこうして生きるものとなった。』

（創世記２章７節）

「身土不二（しんどふに）」は、一般に、人が住むその土地で作られる旬の食べ物を正しく摂ることによって元気で長生きできるといった養生訓として人口に膾炙されてきました。今、盛んに喧伝されている「地産地消」の本来の意味と考えればよいでしょう。仏教用語に由来するこの言葉の真意はなお不明ですが、文字どおり解釈すれば、身体と土とは互いに不二であるということになります。いずれにせよ、この語には、人間や動植物、果ては土や石などの無生物まで、この世界に存在する全てのものが互いに繋がり合って生命を廻らせているという仏教的思想（空海、『即身成仏義』）が反映されていることは確かです。

わたしが永くかかわってきた自然・有機農法は、「自然のしくみに沿い、土本来の力を活かす」を基本思想としています。土から始まり、植物、動物そして人間へ、さらに土へと廻るいのちの循環の中で、土が持つ機能を十分に発揮させる農法ともいえます。土が健康であればその影響は植物、動物を経て人間の健康に繋がる、という理に基づきます。土の弱体化は、人間の不健康に行き着くことはまた当然のことでしょう。

野菜の栄養価が戦後間もない昭和２０年代から最近に至るまで減り続けている事実があります。『食品成分表』の初版（昭和２５年）から第5訂版（平成１２年）までを比べてみると、例えば、主要野菜１２品目のビタミンＡとＣの含量はそれぞれ平均５０％か、あるいはそれ以上確かに減少しています（中井、２００８年放送大学講義資料）。この原因は多様でしょうが、農薬や化学肥料依存の農業による土壌の疲弊が主要因であることに間違いはありません。また、夏作のホウレンソウのビタミンC含量は、旬の冬作に比べて３分の１に減少するという報告も複数例あります。

日本で自殺者が１２年連続で年間３万人を超えていることは周知のことです。これは日本人全体の生命力が低下している象徴的な出来事といえるでしょう。その原因は複雑多様であるに違いありません。しかし、今、わたしたちが直面しているいのちの危機は、健康な土壌を基盤として、自らが生きものというのちを育て、そのいのちを食べるという生きる基本から遠く逸脱したところから生じているのではないでしょうか。

土に始まり、廻るいのちの循環にあって、人間のみがこの秩序を乱す存在であることに改めて気づかされます。しかし、この秩序を再生させることができるのもまた人間です。聖書は、最も直截に人は土であることを告げています。しかも、神はそれに命の息を吹き入れられたと。これは、「人間がいのちの循環の要となりなさい。」という、神の限りない激励であり、愛のようにわたしには思えるのです。（２０１０年６月）

（１６）種はいのち

『種をお与えください。そうすれば、わたしどもは死なずに生きることができ、農地も荒れ果てないでしょう。』

（創世記４７章１９節）

わたしの専門は「植物育種学」です。しかし、専門を聞かれて、そのように答えても、すぐに理解されることは少ないのです。そこで、育種とは簡単に言えば品種改良のことである、と補足するとようやく分かってもらえます。この用語は、明治３１年に、日本農学の父といわれる横井時敬（よこい・ときよし）博士（１８６０〜１９２７）によって初めて使用され今日に至っています（『栽培汎論』、１８９８年）。わたしは長い間「育種学」を教えながら、分かりにくいこの命名には不満を感じていました。しかし、最近になってようやく、種は大いなるいのちの素であり、したがって、これは「いのちを育てる学問」であると気づき、納得することになったのです。

博士は、生涯にわたって、農学者といわれるものたちに向かって「農学栄えて、農業亡ぶ」ことのないようにと警告を発し続けた人でもありました。農学者は常に農業の現場に立ち、そして、研究は分析のみに陥らず全体を見渡す視点で行わなければいけないとも。残念ながら、日本の農業の現状をみれば、博士の心配は的中したといえましょう。

アメリカは深刻な不況に喘いでいるが、種産業のみは大盛況であると、当国の種苗企業に勤務する友人からの便りにありました。確かに、遺伝子組み換えによって開発されたトウモロコシや大豆などの除草剤耐性の種は、種苗特許によって他国の追随を許さず、世界中を席巻しています。これらの種は、あらゆる植物を枯らす非選択性の除草剤とセットにして販売されるので儲けは倍増するわけです。

もともと育種は農業の営みの中で農民自身の手によって行われてきました。江戸時代の厳しい年貢の取り立ての中でも、農民たちは自ら稲のより良い種を選び（選種と呼んでいました）収穫量の多い品種を育成して生き延びてきた歴史的事実があります。しかし、いつの頃からか、育種は農民の手から離れ国や企業に委ねられるようになったのです。さらに現在では、種苗企業の知的財産権を守るという名目で「種苗法」が制定され、農家は栽培する作物の種を自ら採ることすら厳しく制限されるようになっています。

わたしは、現在、北海道から沖縄まで全国１９箇所ほどの地域で、農家の人たちとともに稲の育種を進めています。地域の風土に合い、自然・有機農業でも収量の上がる品種を創ろうとしてのことです。この半世紀ほどは、もっぱら農薬や化学肥料の多用を前提に、世界の広い範囲で栽培できる広域適応性の品種が求められてきました。本来、農業は地域に適応する種（品種）と固有の栽培技術によって成立してきたことは言うまでもありません。農民が、いのちである種をもう一度自らの手に取り戻すことから日本農業の再生は始まると考えているのです。（２０１０年7月）

（１７）青い空

『主はその聖所、高い天から見渡し大空から地上に目を注ぎ捕らわれ人の呻きに耳を傾け死に定められていた人々を解き放ってくださいました。』

（詩編１０２章２０〜２１節）

わたしは、黄金色の稲穂の田んぼに抱かれるように伏しながら、高く澄み渡る青い空を見上げていました。すると、遥か空の淵からわたしを呼ぶかすかな声が聞こえてきます。その声は徐々に明瞭になり、気がつくと医師たちがわたしの顔を覗き込んで、手術が終わったことに加え、人工肛門にはならなかったことを告げていました。昨年の４月、腸重積症という病気に罹り緊急に手術を受けた時のことです。重篤な病状から人工肛門になるのは避けられないと手術前に言われていました。しかし、手術中、自らの腸に陥入していた腸の部分がひとりでに抜け出てくるという幸運によって大事には至らなかったのです。変わらず稲の仕事を続けることができています。

８月が来ると、決まって蘇ってくる青い空の記憶もあります。終戦を告げる玉音放送を大人たちに交じって聞いたのは小学校に入る前の年でした。雑音ばかりでよく聴き取れませんでしたが、その場の沈痛な雰囲気から日本が負けたことを幼心に悟りました。逃れるように外に出て、見上げた空は真っ青に広がり輝いていました。その瞬間、わたしの小さな胸に淀んでいた不安は消え去りました。たまたま近くにいた人の「もうこれで空襲はなくなる」と呟いていた安堵の声とともに、その時の青い空が思い出されます。

大学を定年になった年、永く気にかかりながら読めずにいたトルストイの『戦争と平和』を読みました。主人公、アンドレイが戦場で銃弾を受けて仰向けに大地に倒れ、瀕死の状態で仰ぎ見た青い空の場面がとても印象に残りました。敵の将軍、ナポレオンが、大勝利となった戦場の巡視に来て、傲然と彼の傍らに立ちふさがります。その時、彼は、高い永遠の空を垣間見ながら、敵ではあっても軍人として崇拝していたはずのナポレオンが実に小さくちっぽけな人間と感ずるのです。アンドレイの魂は無限の空と繋がり癒されていきます。

人は、苦しみや悲しみのときに青い空を見上げるでしょうか。もしそうであるならば、それはひとつの祈りの形といえましょう。あるいは、喜びのときに青い空を望み見るでしょうか。それもやはり祈りといえるでしょう。いずれにせよ、青い空は、常にそのように祈る人たちの心に寄り添ってくれます。何億光年のかなたの星よりもさらに遠い青い空は、わたしたちが目にすることのできる唯一の永遠の姿でもありましょう。そこにわたしたちは無意識のうちに神を見ているのかもしれません。たとえ風雪の暗い日であっても、わたしたちの目を覆う雲の上には、いつも青い空が広がっていることも確かです。また、８月が廻ってきました。平和あるいはいのちのしるしである青い空に想いを馳せる時です。（２０１０年８月）

（１８）聖夜

『彼らがベツレヘムにいるうちに、マリアは月が満ちて、初めての子を産み、布にくるんで飼い葉桶に寝かせた。宿屋には彼らが泊まる場所がなかったからである。』

（ルカによる福音書２章６〜７節）

クリスマスの季節になると、いつも昔読んだある詩の情景が浮かんできます。大晦日の夜更け、貧しい母と２人の子供が人影もなくなった裏通りの餅屋の前に永い間立っていました。子供たちは母親の袂にすがって餅を買ってほしいとねだっています。母親もそれを買いたかったのです。何度も財布からお金を取り出しては数え、買おうか買うまいかと迷いながら、苦しい沈黙の時間が過ぎていきました。やがて、母親は聞こえないほどの吐息をついて黙って歩き始めます。子供たちも、餅のことはすっかり忘れたようにおとなしく母親に従って、寒い街を３人は歩み去っていきます。

この『三人の親子』の作詩者、千家元麿（せんげもとまろ）（１８８１〜１９４６）という詩人は、そのような情景描写の後に、その親子の姿は誰も見なかったが、「神だけはきっとご覧になっただろう」と謳います。この詩は、遠い時代の大晦日の話ですが、これをクリスマス前夜の、しかも、現代の物語に置き換えることも可能です。今、クリスマスの季節の商店街は、いずこもクリスマスツリーやイルミネーションなどで明るく豪華に飾り付けられ、クリスマスソングも常に流されて、華やかさと喧騒は年々増していくように見えます。しかし、その裏では多くの貧しい人々が、ケーキといわずその日の糧にも事欠きながら哀しい夕べを過ごしているに違いありません。

世界の飢餓人口は、１０億人をはるかに超えて史上最高に達したと報じられています（国連食糧農業機関、２００９年７月）。１日２ドル以下で生活する貧困層の人口も、このところ３０億人に及ぶ勢いです（アジア開発銀行報告、２０１０年２月）。その犠牲になっているのが、子供や女性たち弱い立場の人々であることにも注目しなければいけません。子供の餓死者は年間１０００万人ともいわれます。しかも、そのような飢餓や貧困は、わたしたち日本人にももはや他人事ではなく、すぐ身近にも存在する現実となってきたことは周知のことです。

イエスは、寒い夜、馬小屋でマリアから生まれ、飼い葉桶に寝かされました。これはその一人子を地上に贈り、飼い葉桶から世界を照らすという神の深い配剤であり愛の証であったでしょう。イエスはそこから光の道を歩み始め、やがて、あの山上での『貧しい人々は、幸いである、神の国はあなたがたのものである。』（ルカによる福音書６章２０節）の御言葉を告げ知らせるのです。クリスマスが貧しい人々のためにあるのはどうやら確かなことです。聖書は、また、わたしたちに、謙虚な気持ちをもって貧しい人たちと分け合って人生を歩んでいくことを教えています。わたしたちの神の国に通じる道はやはりそこにしかないように思えます。クリスマスは、そのことに気づく良き機会でもありましょう。

（２０１０年１１月）

（１９）復活

『イエスご自身が彼らの真ん中に立ち、「あなた方に平和があるように」と言われた。彼らは恐れおののき、亡霊を見ているのだと思った。そこで、イエスは言われた。「なぜ、うろたえているのか。どうして心に疑いを起こすのか。わたしの手や足を見なさい。まさしく私だ……」』

（ルカによる福音書２３章２６～３９節）

ウィーンでとある国際機関に勤務していた３０年ほど前のことです。４月の初め、家族でスキー旅行から帰宅してみると、玄関前に美しく彩色された卵やチョコレートで一杯の花模様のバスケットが３個置かれていました。不審に思っているうちに、それらはアパートの大家さんから届けられた３人の子供たちへのイースターのお祝いだということが分かりました。山間のスキー場はなお吹雪に見舞われていましたが、山を降りると、野は草木が萌えやわらかな陽光に包まれていました。街はといえば厳冬を耐えて待ちわびた春の到来とともに迎えるイースターを祝う人々の喜びにあふれているようでした。

イースターが当地ではクリスマス以上に熱狂的に祝福されていることに驚かされました。日本にいては、まして洗礼を受ける前のわたしには想像できないことでした。イエスが十字架の死から蘇り、その身体を弟子たちに現しながら、いのちは永遠であることを証した「復活」がなければキリスト教は存在しなかったといわれます。イースターが重要視されるのは当然のことでしょう。しかし、当時すでに聖書を紐解きながら、わたしは、圧倒的な力を持って迫ってくるこの奇跡の物語には戸惑うばかりでした。

わたしが洗礼を受けたのは、ウィーンから帰国後しばらくしてのことです。「復活」すなわち永遠のいのちを信じる道を歩む選択をしたことになります。人の心に絶えず空洞が巣食うとしたら、それは死によって自らのいのちは途絶えるといったむしろ生物学的な死の概念に支配されることによるでしょうか。そんな空洞を満たしたい。わたしの選択の背景にはそのような希求があったのかもしれません。

その後取り組み始めた稲の自然農法研究を通しても多くいのちのありようを学ぶことになります。自然農法で栽培される稲は、大冷害などの逆境にあっても、変動する環境によく適応しその生命を全うしていきます。自然に寄り添えば、いのちは本来の生きる力を取り戻す一つの例でしょう。人や動植物を含めこの自然に存在するあらゆるものは互いに繋がりあっていのちをめぐらせている。そのいのちは神の息、という聖書の示唆も今は理解できるようになりました。

イエスの復活に遭遇したとき、絶望感で心を硬く閉ざし身を潜めていた弟子たちは、驚愕し戸惑いを隠せません。しかし、やがてその心は大きく開かれ春の光に包まれるエルサレムの地を躍動し、歓喜に震えながら、広い世界に向かってイエス復活の証の旅に立ち上がって行きます。今、わたしたちはイースターの緑萌える空気の中に、大きな時間の流れを超えて、あの弟子たちの心の震えを感じ取ることはできないでしょうか。それは、何よりもわたしたち自身が、いかなる困難にも耐えて生き抜き、そして、いのちの復活を果たすことができるというゆるぎない希望を伝えているはずです。（２０１１年４月）

（２０）収穫の季節から聖夜へ

『私は、その季節季節に、あなたたちの土地に、秋の雨と春の雨を降らせる。あなたには穀物、新しいぶどう酒、オリーブ油の収穫がある。』

（申命記１１章１４節）

『イエスは言われた。わたしが命のパンである。わたしのもとに来る者は決して飢えることがなく、わたしを信じるものは決して渇くことがない。』

（ヨハネによる福音書６章３５節）

収穫の秋、わたしは北から南へと稲穂が黄金色に輝く全国各地の水田を巡り歩きます。農薬や化学肥料を使用しない自然農法で収量が上がる稲の品種を、農家の人々と一緒に育成する仕事を初めて７年が過ぎました。試験地のなかには、３．１１の大津波や原発事故の被害をもろに被ったフクシマも入っています。そこでは多くの人命と共に広大な田畑が流され、かつての豊饒の地は草さえもまばらな瓦礫の荒野と化しています。原発事故による放射能汚染地区と定められた地域にはまったく人影がなく、田畑は草で覆われていました。

ヒロシマ、ナガサキの原爆の何十倍という放射性物質を広く国土に飛散させた原発事故は、収穫の季節に色濃い影を落とすことになりました。原発事故の収拾はなお目途が立たず、人々は、目に見えない放射能の陰におののくばかりです。この苦境の時機にあって未来を望むとき長崎原爆投下時、爆心地に近い長崎医科大学と浦上第一病院（現、聖フランシスコ病院）でそれぞれ被爆し、無数の負傷者の救護活動に挺身した２人の医師、永井隆（１９０８〜５１）と秋月辰一郎（１９１６〜０５）の働きや思想が想起されます。

永井は、原爆を神の御心と受け止め、人間の根源的な罪の自覚から平和をと、重い放射能疾患を身に負いながら、『長崎の鐘』（１９４６）など多くの書を著して、世界に訴え続けました。一方、秋月は、師でもある永井の心情に反し、原爆は人間そのものの意思による悪業とみなし、核廃絶を目指す平和運動に生涯をささげます。両医師は、原爆症の治療に「食」の重要性を説いたことでも知られます。特に、秋月は、入院患者や看護師などに、玄米、カボチャやワカメの味噌汁を主とした食事を徹底させ、原爆症による犠牲者を一人も出さなかったことが今注目されています（秋月著、『死の同心円』、２０１０年再販）。

神に豊穣の食を感謝し祈る収穫祭は民族や宗教を越えて世界共通のものでしょう。人類は、また、飢餓に見舞われた凄惨な収穫の時を繰り返してきたことも事実です。それでも、収穫祭は絶えることなく今日まで人や地域の需要な生活の柱として守られてきました。原爆が真上で炸裂し灰燼に帰した浦上天主堂では、その年も、瓦礫の中から奇跡的に無傷で見つかった鐘を打ち鳴らし、クリスマスを喜び祝われました。

原爆や原発事故はいうにおよばず、飢餓もまた欲望とエゴを膨張させた人間の業であることは明らかです。しかし、そのようなすべての苦しみを受容して、神に感謝し祈るところから未来への希望が立ち現れてくることも確かです。クリスマスは、神が人の世に贈られた「永遠に飢えないパン」、イエスという至高の収穫を感謝し喜ぶ日でありましょう。（２０１１年１２月）

（２１）ペンテコステによせて―苦しみから希望へ

『わたしたちは知っているのです、苦難は忍耐を、忍耐は練達を、練達は希望を生むことを。希望はわたしたちを欺くことがありません。わたしたちに与えられた聖霊によって、神の愛がわたしたちの心に注がれているからです。』

（ローマの信徒への手紙５章３～５節）

わたしの専門にかかわる進化論は、生きる意味を生物学的に考える思想ともいえます。ダーウインの自然淘汰説では強者が生き残り、弱者は淘汰されることになりますが、強い、弱いは生物がおかれた状況によって変わります。腕力が、必ずしも生存競争に勝つ条件とはなりません。この講義に際してわたしはいつも、人間にとっての強さとは何なのかを問いながら、オーストリアの精神医学者、ビクトール・フランクル博士（１９０５～９７）の『夜と霧（原題：強制収容所における一心理学者の体験）』（みすず書房）の話をしてきました。これは、周知のように、ナチスの強制収容所の中でどのような人たちが強く生き抜くことができたかを、自らの体験と科学者の冷徹な目をもって記録し考察したものです。

収容所での人々の生き様は、彼らが捕らえられるまでの日常生活において、いかに心豊かに生きてきたかにかかっていたのだといいます。美しい音楽、詩、絵などの芸術に触れる、自然に寄り添う、教会で祈る、人の苦しみに向き合う、などをとおして豊かな感性を養ってきた人たちが強かった、といえばよいでしょうか。実は、このことを直に博士に尋ねる幸運な機会が与えられました。亡くなる4年前の1993年新緑の頃、博士の来日を記念して開催された講演会でのことです。博士は、喜び、少し興奮してわたしの読み方に賛同の意を表しながら、収容所でのある体験談を話してくれました。

「長い一日の労働に疲れ果てて、わたしたちがバラックで身を横たえていたとき、仲間の一人が飛び込んできて、この美しい夕日を見ろ！　と叫び、引き戸を開け放った。わたしたちは皆、はっとして夕日に見とれ、しばし安らぎの時間が流れた」。苦しさの極限にあっても、なお自分が感じた美しさを人と分け合おうとする人間の精神性の高さに感動したというのです。「苦しみこそが人間を真に成長させる」、「苦難に直面したとき、人はいかに立ち向かい振舞うことができるかを問う『態度価値』が、人生の価値の中で最高のものである」（『苦悩する人間』、春秋社）とする博士のメッセージには時代を打つ説得力があります。

イエスは、ゴルゴダでの苦しみと死を経て復活し、いのちは永遠であることを証しました。その後の昇天と聖霊降臨の実現によってその意味はより鮮明に明かされることになります。聖霊に満たされた弟子たちは新しく生まれ変わり、身を苦難にさらしながら喜んで、永遠のいのちの実在を世界に告げ知らせていきました。このようにして、今を生きるわたしたちにも聖霊の恵みにあずかる機会が与えられたのです。苦しさを耐え忍び生きようとするとき、そこにはいつも復活を果たしたイエスの眼差しがありましょう。その先にこそ、真の希望への道があるはずです。３．１１からようやく1年ばかり、今わたしたちに求められるのは、いのちの復活への洞察と祈りにちがいありません。（２０１２年４月）

第3章　若者へ伝える

（1）今はどういう時代か?!

『心を尽くし、精神を尽くし、力を尽くし、思いを尽くして、あなたの神である主を愛しなさい。また、隣人を自分のように愛しなさい。』

（ルカによる福音書１０章２７節）

卒業生のみなさん、ご卒業おめでとうございます。ご家族のみなさん、「ご子女のご卒業、おめでとうございます」。卒業生のみなさんには、これからのみなさんが創る明るい未来についても「おめでとう」と申し上げたいと思います。わたしは、みなさんが、この『英和女学院』というイエス・キリストの精神の土壌で学ばれたということを本当に幸いなことだったと思います。そのことについてもやはり「おめでとう」と申し上げたいと思います。

この門出の良き時にあって、みなさんがこの『静岡英和女学院』で学ばれたことの幸いと、その意味を、わたしなりにお伝えしたいと思っています。そのために、今はどういう時代であるかに思いをいたさなければなりません。

新型コロナウイルスの世界的蔓延に加え、地球温暖化によるはげしい気候変動によって、日本をはじめ地球のいたるところで大雨・大洪水、巨大台風、止まらない森林火災、氷河の大崩落など、数えきれない大災害が頻発しています。飢餓、貧困そして激しい格差社会の状況は歴史上類を見ない深刻さです。さらに、世界のお金持ち２６人と世界人口の半数、約３７億人の所得が同じであると言われているほどです。さらに、自国優先主義の難民排除の風潮が横行しています。

上に述べたすべてのことは人間の悪業が生じさせたものに違いありません。「倫理観」をなくしていった人間が引き起こした結果であると言えます。「倫理観」というと、西洋的というか、哲学的というか、なにか堅苦しい言葉ですが、ドイツ人の天才的宗教学者といわれたデイトリッヒ・ボンヘファー牧師が、この言葉を「共に生きる」ことであると明かし、納得しました。もっと日本人の感覚に沿うならば、「いのちに対する慈悲の心」とでもいえましょうか。

冒頭に、静岡英和学院聖句、『全身全霊で神を愛し、隣人を自分のように愛しなさい』を上げさせていただきました。英和学院の校舎のいたるところにこの聖句が掲げられていますね。みなさんの心にはこの聖句が棲みついていると思います。倫理観とはまさにこの聖句の中にあります。かつてお話ししたことがありますが、この聖句を、このまま受け取ると、この精神の実現は難しいと思います。視点を「私」からではなく「神」の側からに変えて考えることも必要だと思っています。神は絶対的に私を愛しているという視点です。神、人、自然、私が互いに結び合って生命を巡らせている秩序の中で安心して生きる視点とでもいえばよいでしょうか。

今、スウェーデンの女子高生、グレタさんが話題になっています。地球の温暖化問題について、各国政府や国際機関がもっと積極的に本気で取り組むよう気迫あふれる抗議によって、世界の若者たちを動かし、さらに国際世論を盛り上げる存在になっています。少し前には、パキスタンのマララさんがテロの銃撃に挫けず、女子教育の大切さを訴え、１７歳でノーベル平和賞を受賞しています。その他、薄暗く閉塞された時代の空気を揺り動かし、光を投げかける多くの女性の名を挙げることができます。

インドのコルカタを拠点として最も貧しい人たちの支援に生涯をささげたマザー・テレサ、農薬害や環境ホルモンの影響をそれぞれ世界に警告したレイチェル・カーソンやシーア・コルボーン、国連難民高等弁務官として難民救済で世界をリードした緒方貞子さん、小説家で思想界、宗教界に大きな影響を与え、世界の難民救助活動に生涯をささげた犬養道子さん、「複合汚染」を出版し、日本人全体を環境問題に目覚めさせた有吉佐和子さん。婦人運動家・政治家として日本社会に新しい視点を植え付けた市川房江さん。小説家、僧侶として社会的発言を続ける瀬戸内寂聴さん。水俣病患者に終生寄り添い、最高峰の小説「『苦海浄土』を著した石牟礼道子さん。人道主義の立場でＥＵをリードしたドイツのメルケル首相、名前を挙げていったら限がありません。

インドのマハトマ・ガンジーやアフガニスタンの人民支援活動に生涯をささげた中村哲さんなど、もちろん男性の名前も浮かんできますが、「共感力」が強いといわれる女性の存在がやはり圧倒的にわたしの胸に響いてきます。共感力とは、前述の、いのちに対する慈悲の心ということにもなりましょうか。いのちが廻る輪が寸断されている今日の状況の中で、最も望まれるのが、この「共感力」であることは言うに及びません。そうです、これからは「女性の時代」、あるいは「母性の時代」であると、わたしは信じています。みなさんの時代であるということです。心よりみなさんの前途に期待し、お祝いしたいと思います。（英和女学院卒業式、２０２０年3月２０日）

（2）コロナ禍と食べ物

『神は貧しい人をその貧苦を通して救い出し苦悩の中で耳を開いてくださる。神はあなたにも苦難の中から出ようとする気持ちを与え苦難に代えて広いところでくつろがせあなたのために食卓を整え豊かな食べ物を備えてくださるのだ。』

（ヨブ記３６章１５～１６節）

みなさんおはようございます。新型コロナウイルス感染の蔓延のため、今年度初めての奨励になります。新入生の皆さんには初めてお会いすることになります。昨年４月より、学院長を務めております中井と申します。よろしくお願いいたします。

コロナウイルスの感染は日本も世界もとどまるところを知らず増え続けています。わたしたちの心の窓も閉ざされて、息苦しく何となく不安や恐怖を感ずる日々を送っているといえるかと思います。このような状態を起こした原因は何でしょうか？答えは簡単です。人間が欲望に駆られて自然や環境を限りなく破壊していったことです。コロナウイルスと共に今人間が悩まされているのは頻発する巨大台風、大雨・大洪水、熱波、森林火災などの自然災害です。コロナ禍も自然災害も原因は同じです。人間の心や業がもたらした環境破壊や気候変動という根本問題を解決しない限り、現在のコロナ禍がワクチン接種などによって終焉に向かうことがあっても、また、新たなウイルスや細菌が出現しわたしたちに襲い掛かってくることは必至です。

コロナ禍を如何に乗り越え、コロナ禍後の社会をいかに創るか？最近よく取りざたされる重要な課題です。みなさんどのように考えますか？この問いが今日のお話のポイントです。この多くの議論の中で大切なことがいくつか見逃がされているとわたしは思っています。

その一つが、「食べ物」のことです。新型コロナウイルスが世界的に蔓延していて、世界的に食糧輸出国は輸出規制に動いています。自分の国民を飢えさせておいて他国へ食糧を輸出するはずがありません。日本の食糧自給率は何パーセントだと思いますか？食べたものがどれくらいのエネルギーになるか、すなわちカロリーに換算して３８％です。それから主要穀物の自給率はこの何十年にわたって３０％以下です。日本の食べ物の７０％は外国から輸入していることになります。

食糧の輸入が制限されたら日本人は必ず飢えることになります。どうしたら良いでしょうか？多分英和女学院のグランドは芋畑になるでしょう。芋はやせた土地でもよく育ちますから。それは、わたしが終戦前の幼稚園児の時に見た光景です。そうならないために、日本の社会は抜本的に変わらなければいけません。自分の国で国民が食べる食べ物を作るという当たり前の国を目指すことです。それから、自然を大切にする社会作りが必要になります。

コロナの時代に限らず、自分の生命力を高める生き方が求められます。また質問ですが、どうしたら良いでしょうか？「生命力を高める食べもの」を食べることです。生命力を高めるを、「免疫力を高める」と言い換えてもよいでしょう。それはどのような食べ物でしょうか。一言でいうと、人が慈愛を込めて、豊かな大地で育てた食べもの、ということになりましょうか。わたしがライフワークとして取り組んでいる、自然・有機農法で栽培された食べものもその例に入ります。日本の自然・有機農業の全耕地面積に占める割合は０．５％です。これはＥＵやラテンアメリカ諸国と比べて実に低い数字です。このような現実もわたしたちは抱えているのです。

米を主食にしている国は新型コロナウイルスの感染率が低いという科学的データもあります。わたしが稲の研究者だから言うわけではありませんが、日本人はもっと米を多く食べてほしいと願っています。それによって日本の農業事情も好転することは確かなことです。

聖書には「人はパンのみで生きるにあらず」という有名な聖句があります。人はパンなくして生きてはいけませんが、人が人として在るために「隣人を自分のように愛する」愛の精神が最も大切である、ということだと思います。それを、共に生きる倫理観といってもよいでしょう。神と自然と人、そして私とが互いに繋がって存在し、いのちを巡らせています。その秩序の中でわたしは守られ、豊かな生命力が与えられ安心して生きていける。このような境地を倫理観とも霊性とも呼ぶことができるでしょう。それを養うのが本来の教育の目的であると思います。静岡英和学院という土壌がその目的を達成できるかけがえのない場だと信じています。みなさん今日も朗らかに学んでいきましょう。（２０２０年７月２９日）

（3）収穫の秋

『涙と共に種を蒔く人は喜びの歌と共に刈り入れる。種の袋を背負い、泣きながら出ていった人は束ねた穂を背負い喜びの歌を歌いながら帰ってくる。』

（詩篇１２６章５～６節）

おとといは岡山に、その少し前には北海道に行ってきました。稲の調査と収穫に行ったのです。毎年、秋になると全国各地の農家を巡り、稲の調査や良い稲を選ぶ作業を永く続けてきました。全国各地の農家の人たちと自然農法に適応する稲の品種づくりの仕事を始めて今年で１６年ほどになります。「適応」という言葉は普通の生活でも使いますが、ここでは遺伝的に環境に合うもの、自然農法でも収穫が上がるものという生物学用語として用いています。自然農法については、みなさん想像できると思いますが、農薬や化学肥料を使わない、自然に優しい農業のことです。有機農業といわれることもあります。

ようやくわたしたちの稲品種改良の仕事において、各地域で、新しい品種が生まれつつあります。最初にできた品種は熊本県の球磨川流域（今年梅雨明けの大洪水で大きな被害を受けたところです。）の水田で作った『くまみのり』です。この品種は、自然農法でも収穫量が上がるとともに、アトピーやアレルギー性疾患を癒す効果があることで注目を集めています。コシヒカリなど最近の良食味品種は、アレルギー疾患を起こすアレルゲンを有する場合が多く、今後の稲育種の課題となっているところです。『くまみのり』は、明治時代の東および西日本それぞれの代表的在来種、亀の尾と旭との交配から生まれました。亀の尾にも旭にもアレルギー等の疾患を癒す効果が最近証明されたばかりです。新品種はそれらの性質を受け継いだものでしょう。栃木県では、日本の代表的品種、コシヒカリとササニシキの交配から生まれた新品種に『希望の星』と名付けました。コロナで暗くなっている世界に希望の灯をともしたいとの思いからです。

さて、春になったら稲の種を蒔きます。土から芽が出る。太陽と、雨、森、川からの水、そして土の働きによって芽は成長し立派な稲となって、実りの秋を迎えます。もちろん、お百姓さん、或いは農家の人々は、涙と汗と共に働き稲の成長を見守ります。聖書の言う通り、種の袋を背負い泣きながら出ていった人は、束ねた穂を背負い、喜びの歌を歌いながら帰ってきます。ここで皆さんに質問したいのですが、喜び収穫した米をお百姓さんたちはどうすると思いますか？まず、神にささげるのですね！　収穫を感謝してのことです。そして来年もまた家族が生きるための食べ物を与えてくださいと祈ります。次に何をすると思いますか？やはり感謝と祈りの気持ちをもって、翌年、蒔く良い種を選ぶのです。最後にようやく人が食べるのです。もちろん感謝と祈りをもってです。この話はむしろ昔の話と思っていただいて良いかと思います。しかし、本当は、今こそこの話が貴重かつ必要ではないでしょうか。

先日北海道に行ったとき聞いた話ですが、北海道では「スマート農業」というのが流行っているそうです。部屋にいて、パソコンのキーを押しているだけで農業ができるのだそうです。土を耕すのも、種を蒔くのも、収穫するのもみんなA．I．すなわち人工知能を備えた機械がやってくれるのだそうです。もちろん農薬や化学肥料は大量に使います。人が、汗と涙を流しながら、作物といういのちに向き合い育てる人と作物の関係性がないまま、いわば食べものという商品を生産するということになります。土や自然と共に食べ物を収穫する聖書の世界とは正反対の光景がそこにはあります。

北海道では農地の砂漠化が非常に進んでいるという現実もあります。そこでは、農地が大面積の上に斜面になっている箇所が多く、表土が流れやすく砂漠化しやすいのです。また、日本の食糧自給率は、カロリーベースで38％という歴史上最低の状態にあります。日本人の食べる食糧の多くは、どこかはるかに遠い未知の世界から突如食卓に現れるという風です。コロナ禍に悩まされているわたしたちですが、今こそ、聖書に学びながら、近い未来の、日本のあるいは世界の「人の生き方」について、じっくり考えてみたいですね。（2020年10月16日）

（４）青い空の話をめぐって

『主は天から見渡し人の子らをひとりひとりご覧になり御座(みざ)を置かれた所から地に住むすべての人に目を留（と）められる。人の心をすべて造られた主は彼らの業をことごとく見分けられる。』

（詩篇３３章１３～１５節）

あけましておめでとうございます。コロナ感染も爆発的に蔓延しそうな気配の中で新年、２０２１年を迎えていますが、それでも、元気に朗らかにこの新しい年を送りたいですね。今日は「青い空」というテーマでお話ししたいと思います。わたしの「青い空」体験ということになりましょうか。また、青い空を見上げよう、そうすれば元気が出てきますよ、というようなお話です。

みなさんから最も遠いところはどこでしょうか？青空ですね。最も近いところはどこでしょうか？それは地球です。足元の土と言った方が良いかもしれません。ちなみに地球のことを「ＥＡＲＴＨ（アース）」といいますが、この本来の意味は生きた「土」、または生命を育む土ということです。地球が生まれた４７億年前地球はまだ生き物の棲まない死の世界でした。それから１０億年経った頃と言われていますが、太陽から紫外線・放射線が届かない海底に生命が誕生します。進化の過程で光合成能力をもつラン藻類が出現し、コンブ、ワカメなどの藻類の誕生を経て、やがてそれらが地上に上陸します。そのようにして、徐々に土やオゾン層が形成されていきました。いのちを育む土ができて、初めて地球は生きた星となったわけです。

わたしの人生で、青い空には何度も助けられたという思いがあります。高校3年生になったばかりのころ酷い精神的スランプに陥ったことがあります。活字をみるとひどい頭痛が起こるという奇妙な病気で、受験勉強もできず精神的に落ち込んでいったわけです。住んでいたのは人口5万人ばかりの都市（武生市、現、越前市）でしたが、少し歩けば川あり、山ありの自然豊かなところでした。精神的苦痛に追い立てられるように野原をさ迷い歩いたものでした。歩き疲れると川岸の野に仰向けに寝転びいつまでも空を、青い空を眺め続けました。背中はしっかり土に抱かれている格好になります。このようにしてわたしの心身は次第に癒されていきました。

もう一つの、青い空の話は、ほかでも語っているところですが、２００９年の4月中旬７０歳の誕生日を前にして経験した青い空です。勤務先の農場で稲の種まきが終わりお祝いしたい気分で帰りの電車に乗りました。ところがその中で突然腹痛に襲われたのです。お祝いの食事どころではありません。その夜も痛さが募り、ようやく朝を迎えて、近くのお医者さんに駆け込みました。すぐに原因がわからず、その翌日に、胃カメラで検査するということになりました。その時、いくつか質問をしたところ、お医者さんが突如怒り始めました。患者が医者に質問するなど失礼だというのです。

当然その医者はあきらめて妻が運転する車で、他の医院を探すことになりました。新聞で緊急外来の病院を探し、ようやく暗くなる夕方静岡県立総合病院の緊急外来の窓口に駆けこむことができました。すぐ、研修医の若いお医者さんが検査をして、異常が見つからずいったん家に戻ることになりました。そこに、たまたま正規のお医者さんが来て、そのお医者さんの指示で、念のため、ＣＴスキャンで検査することになりました。その結果、重篤の「腸重積」であることがわかり、大至急手術が必要だとのことでした。しかも、肛門はなくなるというのです。青天の霹靂とはまさにあの事を言うのでしょう。進退窮まりました。逃げ出したくて、手術を翌日に延ばしてもらえないか懇願してみましたが、お医者さんたちはそろって翌日では命の保証はできないと言います。

手術の契約書を前に呆然と考えこみました。その時、ハンセン病者の救済に一生をささげた、神谷美恵子のある詩の一節「何故わたしでなくてあなたが？」が心に響いてきたのです。そうだ、わたしもたまには苦しむ側の人になってもよいのだと観念し、手術台に上がったのは夜中の3時頃でした。

わたしは黄金色に実った田圃の土の上にあおむけに寝て、美しい青い空を見ていました。そのうち青い空の彼方から何かわたしに言葉がかけられているように感じました。その声が徐々に大きくなりようやくわたしの名前を呼んでいることに気づきました。医師がわたしの顔を覗き込んで、「中井さん、手術が終わりましたよ」といっていたのです。同時に、人工肛門にはならなかったことも告げられているようでした。麻酔から覚めたばかりのもうろうとした頭の中で、ようやくその意味が分かった時は本当に嬉しかったですね。手術の途中に、腸の中に陥没していた腸がひとりでに、するすると抜け出たというのです。そのために腸を３０㎝ほど切り取るだけで済んだとのことでした。

これは、奇跡的な幸運ともいえるのですが、この出来事の一連の経過において、実は、幸運な出来事が重なって起きていたことに後で気づかされました。「最初駆け込んだ開業医が怒らなければ」、「県立総合病院の緊急窓口が開いていなければ」、「研修医の最初の検診の結果、帰宅しようとしていたところに医師が通りかからなければ」、これらの出来事が一つでも起らなかったら、わたしの容態は手遅れになっていた可能性は十分にあります。

当初、人工肛門を付けずに済んだことを奇跡的な幸運と手放しで喜びましたが、時間がたつに従って、わたしは何故人工肛門にならなかったのかを自問自答するようになりました。

世間にはわたしのような手術によって、人工肛門付着をしなければならなくなった人も多いに違いありません。そのような人たちに自分の幸運を手放しで喜ぶのは失礼だとの感覚もありました。奇跡というなら、むしろ、神谷氏の詩の一節が心に響き、手術台に平穏な気持ちで上がることができたことかもしれないと気づいたのです。そしてこの奇跡は、また、弱った人たちに寄り添う生き方を選択しなさいという神の啓示だったかと今は思っています。いずれにせよ、この一連の経験の中心にあの、青い空があったことは確かです。「皆さん、青い空を見上げよう!!」（２０２１年１月２８日）

（5）青春の日々にー静岡英和学院に学ぶことの幸せ

『青春の日々にこそ、お前の創造主に心を留めよ。苦しみの日々が来ないうちに。「年を重ねることに喜びはない」という年齢にならないうちに。』

（コヘレトの言葉１２章１節）

みなさんおはようございます。今日も桃の花薫る良き朝にみなさんと時間を共にできますことに感謝しています。３月は旅立ちの季節ですね。卒業があり、進級があり、出会いや別れもあります。今日のわたしの話は、この季節にみなさんの心に刻んでいただきたいことです。それは、みなさんが「静岡英和女学院に学ぶことの幸せ」についてです。今日の聖句は「青春の日々にこそ、お前の創造主に心を留（とど）めよ」です。若い日にこそあなたの造り主を心に刻みなさい、ということです。

みなさんは、毎朝の礼拝で日々神を賛美し、神のみ言葉に触れる良き機会が与えられています。「若い日々に神のみ言葉を心身に刻む」ことによってみなさんの一生は幸福になるということです。永い人生の中で時には悲しみ苦しんだり、絶望したり、場合によっては人生の横道にそれてしまうことがあるかもしれません。しかし、その時にこそ、心身に刻まれた神のみ言葉は、必ず苦境から立ち上がり復活し、幸せの道に運び入れる大いなる力があります。

若者は美しい！　みなさんは美しい！　心も精神も身体も、そして顔も、美しく輝いています。もちろん年寄りだから美しくないというわけではありません。美しい人はいっぱいいると思います。しかし、若者の無条件の、あるいはあるがままの自然の美しさにはかないません。世はまさにアンチエイジングが大流行です。テレビコマーシャルは、飽かず、顔のしわをのばすクリーム、歩行力をつける筋肉増強や若さを保つサプリメントの宣伝を流し続けています。いつまでも若く在りたい、という気持はもちろんよく理解できます。しかし、やはり若者の美しさにはかないません。何よりも若さの美しいところは、経験したことを身体に刻む、身体の一部とすることが容易にできることです。

『カラマーゾフの兄弟』というロシアの文豪、ドストエフスキーが書いた小説があります。ドストエフスキーが最後に渾身の魂を込めて書いた小説ですが、未完のままで世に残すことになりました。しかし、大変面白くある意味物語は完結しているようにみえます。わたしは何回も読みました。

物語はある殺人事件を契機に展開される、カラマーゾフ家の父親をめぐる３人の息子の物語です。長男のドミートリイは放蕩な熱血漢、次男のイワンは冷徹な知性派、そして末っ子のアリョーシャは敬虔な修道者です。天使のような精神を持った末っ子のアリョーシャがこの物語の主人公になります。性格の全く異なった３人の言葉や行動の絡み合いが、聖書のみ言葉をベースにして紡がれる宗教性豊かな物語です。最後はアリョーシャが彼を慕う少年たちに、静かに何気なく語る言葉で終わります。アリョーシャはこう言います。「親と共に過ごす若い日々に、良い思い出をいっぱい作りなさい。そうすればあなた方は幸せな人生を送ることができるでしょう。たとえ途中で道を間違えることがあっても、その思い出は必ずあなたたちを立ち直させてくれる力になります」と。「良い思い出」にはいろいろあるでしょう。楽しいこと、嬉しいこと、友情をはぐくむことなど。しかし、最も良い思い出は「あなたの創造主に心を留める」ことに尽きるのではないでしょうか。アリョーシャがそうであったように。

わたしは４５歳で洗礼を受けることになりました。若い日にではなかったのです。悔いを残さないために、これから人一倍精神を傾けてイエス・キリストの道を歩まなければなりません。

さいごに、若い日に学んだことが、今のわたしの人生を形作っている話をつけくわえておきます。中学2年生のとき国語の先生から宮沢賢治のことを多く学びました。貧しい農民への共感とともに生きた賢治の像が心に刻まれて、農学を選択し、その後の研究の在り方についてもその影響を強く受けたと思っています。賢治の精神的境地にははるか及ばないにしても、人生最後の現在も農家の人々とともに稲品種の育成に取り組んでいることは、若き日に学んだ恵みであると感謝しています。

みなさんが、静岡英和女学院で学ばれる幸運を覚え、みなさんの明るい未来をお祝いしたいと思います。（２０２１年3月４日）

（６）ヒマワリに声をかける

『神は言われた。「我々にかたどり、我々に似せて、人を造ろう。そして海の魚、空の鳥、家畜、地の獣、地を這うものすべてを支配させよう。」』

（創世記１章２６節）

みなさん、おはようございます。復活祭を過ぎた4月の美しい朝にみなさんとともに礼拝を守ることができますことを喜び感謝しています。

長崎県の島原市に、ある研修会の講演を依頼されて、行ったことがあります。１９９１年7月初旬、雲仙・普賢岳が２００年ぶりに噴火し、その火砕流によって麓の島原市住民の多くが犠牲になった直後のことです。その時、いまだにわたしの心をときめかす興味ある話を聴きました。ある小学校で、生徒たちを2つのグループに分け、一方のグループには日々良い言葉をかけ、別のグループには言葉をかけずに、ヒマワリを栽培させる試みを行ったというのです。その結果、「今日も頑張っているね！」、「ありがとう！」などの言葉をかけたほうのヒマワリはより元気に大きく美しい花を咲かせたというのです。

研修会の翌日、火砕流の現場などを案内していただいた折、当の小学校まで足を延ばし、担当の先生にお会いして直に話を聴くことができました。その時の先生の「言葉かけを行ったグループでは、ヒマワリばかりではなく、ヒマワリを育てた生徒たち自身がとても元気になった」という言葉が特に印象深く心に残っています。その時以来、植物は人間の言葉を感ずることができるのか？という問題がわたしの重要な命題・課題になっています。

最近、わたしが務めている伊豆の国市の大仁農場で、ヒマワリではなく大根で同じような実験をした人の話を聞きました。良い言葉をかけて栽培した大根は大きく育ったとのことで、その写真も見せてもらいました。わたしは、現在、稲の育種・品種改良の仕事をしています。自然農法という低栄養条件でも収穫量が上がる品種を作ろうとしているのです。異なる品種同士を交配すると、メンデル遺伝の法則で、交配第2世代においては、何千、何万ものいろいろな形の稲が出てきます。その中から良い稲を選抜し、さらに選抜を繰り返して最終的に一つの新品種を作る仕事を行っているのです。わたしの知人に菅野稔さんというキャベツ育種の名人といわれる人がいます。彼がキャベツ畑に入ると、あるキャベツが「俺を選んでくれと手招きをする」のだそうです。それを選ぶと間違いなく良いキャベツの品種ができるという話を聞いています。

バーバンク（1849～1926）というアメリカ人の伝説的な育種家がいます。彼は生涯で3000種もの作物の品種を作りました。今も、ジャガイモ、サクランボなどの果実や花など世界中で彼が作った多くの作物品種が栽培されています。一般的に、一つの品種を作るのに最低１０年はかかります。わたしは１７年程でようやく数品種の稲品種を作っている状態です。そんなことを考えるとバーバンクは奇跡的な育種家ということになります。彼は作物と対話しながら育種を進め、人類に有益かつ膨大な作物品種を遺していったと言われています。

アメリカ原住民やアイヌの人たちは、もともと生きとし生けるものすべてを人と同じように思い感じて生活していました。そして、食べることをとても厳粛に考えていました。生き物は食べなければ生きていけません。それは、他の生き物の命を犠牲にしていることにもなります。他の生き物すべてを尊敬し感謝し、与えられた命を無駄にすることなく大切に自分の命の糧にします。食べものとして野生の植物を収穫するときはその植物に声をかけ許可を得てから最低限必要な量を収穫します。また、決まってそのお返しの品を供えるといいます。

現代人にとって、食べ物はいのちではなく市場経済の商品になっているのではないでしょうか。欲望に身を任せて自然から搾取し尽すという結果が危機的な地球環境破壊を招いているのです。さて、冒頭の聖書（創世記）の話に戻ります。神は、「人間にあらゆる生きとし生けるものを支配させようとした」とあります。この個所は、新しい学問分野、例えば『環境思想』などで、深刻に議論されるところです。「自然を支配する」という考え方が、地球環境の破壊につながっていったのではないかということです。

わたしもこの「支配」という言葉が気にかかっていました。そこで、旧約聖書のヘブライ語などに詳しいある牧師さんにこの点について尋ねたところ、このもともとのヘブライ語は共生する、あるいは「世話をする」すなわち、ケアする意と理解するのが正しいということでした(*)。

わたしの敬愛するキリスト者に、イタリアのアッシジの聖者といわれるフランチェスコ(1182〜1226)は鳥や魚や植物らと話し、説教もしたという話が残っています。キリスト教は「人を愛しあらゆる生きとし生けるものを愛する宗教」だということを知っていただければと思います。(2021年4月15日)

*日本聖書協会の2018年発行の最新版の聖書・聖書協会共同訳では「支配せよ」ではなく「治めよ」になっています。

（７）母性の時代

『母がその子を慰めるようにわたしはあなたたちを慰める。エルサレムであなたたちは慰めを受ける。』

（イザヤ書６６章１３節）

おはようございます。今日も美しい朝にみなさんとともに礼拝を守ることができますことを喜び感謝しています。今日わたしがお話したいのは、これからは「母性の時代」である、ということです。聖書にはみなさん日々接しておられることと思いますが、特に旧約聖書は、人を厳しく罰する怖い神様のイメージと男生中心の思想が強く表れているようにみえます。ジェンダーの面からも、聖書の男性中心主義的な記載を鋭く指摘されることがあります。

しかし、聖書を注意深く読むと、「母性」がその底流を流れていることに気づかされます。冒頭に示した聖句は、その一端を示すものですが、むしろ驚かされる表現になっています。神が、人である母が子を慰めるように、わたしたちを慰めるというのですから。母の子に対する愛は神の愛と同価値と捉えられているわけです。

さて、「母性」とはなんでしょうか？一般的には、母親の子を思う気持ちといえばよいでしょうか。母親はもともと子供をその胎内に宿し、母と子は一心同体でした。したがって、母性とは、母親が子供を自分と同じ身体として共感する感性ということになります。子供を持つ持たない以前の問題として、女性には本来、この「共感力」が豊かに備わっているのだと思っています。

人類の歴史を紐解くと、洋の東西を問わず女性が法外に虐げられてきたことがよくわかります。日本においては、女性への蔑視は明治維新以降かえって強められていったといわれています。その名残は今もあって、例えば日本のジェンダーギャップ指数は、世界153ヶ国中120位であったと報告されています(世界ジェンダーギャップ報告書、2021年)。

明治時代以降、女性蔑視の風潮の中で、平塚雷鳥(1886~1971)、伊藤野枝(1895~1923)、高群逸枝(1894~1964)など、多くの女性たちが女性解放運動に身を投じてきました。彼女らの、女性の社会的地位の向上とともに反戦平和などいのちを守る視点に、わたしたちは注目しなければなりません。平塚が創刊した雑誌『青踏』には「元始、女性は太陽であった」と謳われています。

今、わたしたちは、新型コロナウイルス・パンデミックや気候変動による度重なる深刻な自然災害に苦しめられています。これらが、人間の欲望の肥大や経済至上主義による環境破壊によって生じてきたのは自明のことです。科学者たちは、抜本的な対策を取らない限り、2030~2050年に地球は破局的な危機を迎えると警告しています。このような社会をだれが作ったのか?お金儲けと権力闘争と果ては戦争に明け暮れる男中心主義の社会といったら極端になりましょうか。

先ほど、明治から昭和期に活躍した数名の女性の名を挙げましたが、最近においても時代の閉塞感を吹き払うような、画期的な働きをする多くの女性たちがいます。繰り返しになりますが、何人かの名前を挙げておきましょう。マザー・テレサ、レイチェル・カーソン、シーア・コルボーン、緒方貞子、マララ・ユスフザイ、グレタ・トゥーンベリ他。彼女たちの共通点は、もちろん大きな社会的貢献ですが、画期的なことを実現する度胸の良さを挙げることができます。「女は度胸、男は愛嬌！」と言われます。誰が言ったか、これは良い格言だと思います。

男は、やはり愛嬌があったほうが良いですね。女性に度胸があるのは、いのちに対する共感力が高いからだと思います。いのちに真摯に向き合えば、あらゆる恐れはなくなるのではないでしょうか。

さて、今日のお話の結論ですが、今こそ、女子教育の重要性を認識すべきであるということです。若いときに、女性固有の「いのちに向き合う」感性に磨きをかけるという意味においてです。みなさん一人ひとりが、新しいいのちの時代を創る志をもって静岡英和女学院の土壌でますます成長していかれますことを祈っております。（２０２１年5月２１日）

（8）ボランティアの効用

『イエスはお答えになった。「ある人がエルサレムからエリコへ下っていく途中、追いはぎに襲われた。追いはぎはその人の服を剥ぎ取り、殴りつけ、半殺しにしたまま立ち去った。ある祭司がたまたまその道を下ってきたが、その人を見ると、道の向こう側を通って行った。同じように、レビ人もその場所にやってきたが、その人を見ると、道の向こう側を通って行った。ところが、旅をしていたあるサマリア人は、そばに来ると、その人を見て憐れに思い、近寄って傷に油とぶどう酒を注ぎ、包帯をして自分のロバに乗せ、宿屋に連れて行って介抱した。そして翌日になると、デナリオン銀貨２枚を取り出し、宿屋の主人に渡して言った。『この人を介抱してください。費用がもっとかかったら、帰りがけに払います。』さて、あなたはこの３人の中で、だれが追いはぎに襲われた人の隣人になったと思うか。」

（ルカによる福音書１０章３０～３６節）

おはようございます。紫陽花が美しい初夏の朝に皆さんと共に礼拝を守ることができますことを感謝します。冒頭に長い聖句を載せさせていただきました。非常に有名な聖句です。みなさんはもう学んでおられると思いますが、念のため少しばかりコメントしておきます。最初に登場する人、祭司はユダヤ人社会で最も位の高い人です。その社会で高潔な人格者として崇められています。次に出てくるレビ人は、ユダヤ人社会のいわばエリート層に属する人です。最後のサマリア人は異邦人とみなしてユダヤ人社会で蔑まれる人に当たります。ユダヤ社会で尊敬される側の人間が、同胞である傷ついたユダヤ人を観てみぬふりをし、軽蔑されるサマリア人がユダヤ人を助ける話になっています。「心の貧しい人々は幸いである。」そのままのエピソードです。傷ついた人の隣人がサマリア人であることは言うに及びません。

さて、今日は「ボランティア」を話題にしたいと思います。一つの典型的なボランティアの「いのちの電話」はイギリスから始まりました。１９５３年、イギリス国教会のチャド・バラー牧師が一人の少女の自殺に遭遇し、彼女を救うことができなかった後悔に苦しむうちに、電話による相談を思いつき、「サマリタンズ」という名の組織を創設して始めたのです。「サマリタンズ」はもちろん、冒頭に示した聖句に由来します。国を越え、境遇を越えて隣人を助けることがボランティアの基本精神になるわけです。

この、「いのちの電話」の活動は瞬く間に全世界に広がりました。日本では、１９７１年、２人の女性の尽力によって東京で始まりました。ヘット・カンプさんというドイツ人の女性宣教師が提案しました。しかし、周囲からなかなか理解者が得られず、当時の皇太子妃、美智子さま（現在の皇太后です）に相談し、ようやく実現に向かうことになりました。２０１１年、４０周年記念式典に「静岡いのちの電話」理事長として参加し、そのいきさつを知ったのです。ヘッド・カンプさんも美智子さま（当時は皇后でした）も出席され、式典から懇親会の最後まで席を離れることなく、参加者と親しく交わられていました。

いのちの電話相談ボランティアの特徴は、ボランティアを行っていることが秘密にされることです。昼夜、苦しみ悲しむ人に寄り添う厳しい働き（言葉のはずみで誤解され、罵声を浴びることも多いのです）が、人から評価され、褒められることがありません。人を助けたいという志をいかに維持するかが一つの重要課題になるわけです。

２００４年は大学生活最後の年でしたが、静岡大学最初の防災センター長を務めました。その年には、2つの大きな自然災害が生じました。一つは梅雨明けに福井や北陸地方で起こった豪雨・大洪水、もう一つは秋に生じた最大震度7の新潟中越地震です。この両方に学生や防災ボランティアの専門家を伴ってボランティア活動に駆けつけました。

福井では土石流で多くの家が埋まり破壊され、また、電車の鉄橋がいくつも濁流に押されて横倒しになっている光景に動転しました。その折、ある村に入り、一人住まいの老人の家を一軒ずつ訪ねまわっていて出合った年老いた女性が、亡き母の郷里の友人であったことがわかり、その懐かしい奇遇を今も忘れることがありません。

新潟中越地震については、発生後1か月ほどの晩秋に、バス2台で、学生６０名およびボランティア専門家数名と共にバス2台で駆け付け、4日間ボランティア活動を行いました。寒い雨の中、信濃川河川敷にテントを張り、自炊をして最も被害の大きかった川口町で活動しました。当初は学生たちの心身の疲労を大変心配しましたが、活動を終えるころには心配をよそに、学生たちはみんな元気になっている姿を見て驚いたものです。被災地の人たちから歓迎され「ありがとう」の言葉を繰り返しかけられ嬉しく心身が活性化したのでしょう。

さて、人知れず行う「いのちの電話」ボランティアの話に戻ります。わたしが主催していた棚田の稲つくりにボランティアのメンバーの有志に毎年来てもらっていました。不思議なことに、彼らの植えた稲は良く育つのです。よく観察したところ、彼らは苗を一つひとつ丁寧に植えていることがわかりました。加えて、わたしは人のいのちに寄り添う心が稲にも通じたのだと密かに思い続けています。人への共感は、稲への共感にもつながっていくと思うのです。たとえ褒められなくとも、弱っている人に共感し助けようとするボランティアによって、より良く生きる力が与えられる、そのような神の恵みがあると思っています。ボランティアの理（ことわり）は、自然に優しく寄り添えば、自然はそれ以上の恵みを与えてくれる理と同じではないでしょうか。いのちの電話のボランティアの人たちを永く見てきましたが、その一人ひとりの顔が輝いていることは確かなことです。（2021年6月18日）

（9）共感と食卓、そして家族

『あなたの手が労して得たものはすべてあなたの食べ物となる。あなたはいかに幸いなことかいかに恵まれていることか。妻は家の奥にいて、豊かな房を付けるぶどうの木。食卓を囲む子らは、オリーブの若木。見よ、主を畏れる人はこのように祝福される。』

（詩篇１２８章２〜４節）

「失って初めて気づく大切さ家族そろって囲む食卓」（駿府学園カレンダー、２００７年）、「鉄格子冷たく月に照らされて母に会いたい父に会いたい」（同、２００９年）、「やわらかいお茶の葉に触れ思い出す母の優しいあの手の温もり」（同、２０１５年）。「快晴の空が家族に見えてきた頑張る姿ずっと見ている」（同、２０１７年）。

以上は、わたしが非常勤講師として、情操講話を担当している駿府学園（中・高等少年院）の少年たちが制作した短歌のいくつかを挙げたものです。当学園は芸術教育に力を入れていて、教育の一環として短歌も専門家に指導してもらっているのです。これらの短歌から、犯罪を起こして日常から隔離され少年院で過ごさなければならない少年たちの父母や家族への痛切な思いが伝わってきて心打たれます。

少年たちが願っているのは、只々普通の生活であり、父母や家族とともに過ごす生活を取り戻したいということです。わたしたちが日ごろ忘れている心情だと思います。

ゴリラ研究の世界的権威、山極寿一博士によると、ゴリラも人も、親子関係を基本にして群れ（家族といってもよい）を作るのは、かなり似ているようです。しかし、食事の仕方（あるいは食べ方）が違うのです。ゴリラは群れ（家族）で集まって、しかし、自分が採ってきたものを各自で食べるのですが、人間は、だれかが採ってきたものを、家族が分け合いながら食べます。その前提には誰かが持ってきた食べものは安全であるという信頼感があります。ゴリラの生活の基盤にある共感性をさらに進化させた姿を、家族が分け合って食べる食事の仕方に見ることができるのです。その意味で、食卓を囲む風景は人間社会の原風景と言えるわけです。少年たちの父母や家族への痛切な思いは、人間が人間として進化させた最も素朴で純粋な共感性の現れであるといってよいのではないでしょうか。

わたしが初めて山極博士の講演を聴いたのは、２０２０年3月の京都大学同窓会（静岡支部）の席上でのことでした。山極博士が京都大学学長を退任される直前のことだったと思います。アフリカの奥深い森林でゴリラと生活を共にしながらゴリラ研究を続けたという博士の話は奇想天外で、わたしの価値観を根底からひっくり返す迫力と面白さを感じました。

その中にこのようなエピソードがありました。確か、ある人をゴリラに紹介した時、その人は照れて顔をそむけたところ、そのゴリラは手をのばし初対面の人の顔を自分にまっすぐ向けさせるよう直したとのことです。普通、ゴリラは初対面の相手の目をじっと見つめ合うそうです。目と目を見つめ合って互いに「共感性」を確かめるのだというのです。ゴリラの生活においてはこの共感性が基本になっているとのことでした。

博士によると、サルは初対面の時、相手が自分より力が上かどうか見定めようとするそうです。自分より力が上だと判断すれば、すべて相手に服従します。この話を聴いた時、わたしは直感的に現在の人間社会はむしろサル化しつつあるのではないかと思ったものです。人間がゴリラからさらに進化させてきたはずの共感性が人間社会から揺らいできているのではないかという危機感を抱かざるを得ません。われわれはゴリラからもう一度学び直さなければならない状況が今の人間社会にはあるのではないでしょうか。

日本社会の中で、いつのころからか、食卓を囲む風景が急速に揺らいでいったといわれます。家族そろって食事する回数が以前の半分以下になってきているというデータもあります。ひところ耳目をひいた「孤食」という言葉は、今はもう日常化しています。それはもちろん子供が一人で食事をすることです。日本が想像以上に貧困化してきているという背景もあります。現在（２０２０年）、子供（１７歳以下）の貧困率は１３．５％、すなわち子供の７人に１人はかなりひどい貧困の状態にあるといわれます。

食事が十分にとれない、勉強する機会が奪われた、というような苦しい状態に多くの子供たちが陥っています。母子家庭の貧困率は５０％を超えると言われます。

２０１２年に、東京の近藤ひろ子さんという八百屋さんが、八百屋の一角を開放して貧しい子供たちのために「子ども食堂」を始めました。その活動が今は全国に広がっています。静岡にもいくつもあります。今は子供のみならず大人たちも多く集まってくるそうです。

冒頭に挙げた少年たちの歌は、家族や食卓、ひいては共感をこの社会に取り戻すための祈りであるようにも思えてきます。（２０２１年7月１６日）

（１０）女性研究者ジェーン・グドール博士

『心を尽くし、精神を尽くし、力を尽くし、思いを尽くして、あなたの神である主を愛しなさい。また、隣人を自分のように愛しなさい。』

（ルカによる福音書１０章２７節）

おはようございます。今日も秋の美しい朝にみなさんと礼拝を守ることができますこと感謝です。今日は、チンパンジー研究のパイオニア、イギリス生まれの女性研究者、ジエーン・グドール博士のお話をします。１９３４年生まれですので現在は８７歳でしょうか。幼いころから無類の動物好きで、庭にやってくるリスやいろいろな小鳥を飽かず眺めて一日を過ごすほどだったといいます。幼いころから聖書に親しむ信仰心のとても篤い人です。

その彼女が、２６歳の時、チンパンジー研究のために、アフリカタンガニーカ湖畔（コンゴ共和国）のゴンベの森の前に降り立ちます。彼女は高校卒業で、研究者の訓練は受けていませんでしたが、たまたま人類学の権威ルイス・ルーキー博士に出合って、博士に素質を見込まれて、博士の研究グループに参加するようになったのです。母親が心配して、彼女に付き添い湖畔で一緒にテントを張って生活するのですが、森に入っていくのはいつも彼女一人です。彼女は銃などの護身用具は身に着けず、双眼鏡を片手に、ヒョウやライオンなどの猛獣がうろつく森林の奥深く、チンパンジーを求めて入っていくのです。野生のチンパンジーは用心深く人には近づいてきません。毎日毎日、森に入り忍耐強くチンパンジーを待ちます。

１年以上たったころより、ようやくチンパンジーが彼女に近づいてくるようになりました。それから何か月か経った頃、彼女がディビットと名付けていたチンパンジーが彼女に近づき、座り込んで蟻塚の穴に草の茎を突っ込み、蟻を釣り上げて食べる姿を見せたのです。さらにその後、ディビットは葉のついた木の枝を折って葉をむしり取って、それを蟻塚の穴に入れる姿を見せました。このようにして、グドールさんは、「チンパンジー（人間以外の動物）が、道具を造り、そして使う」歴史上の大発見をして、世界を驚かせることになったのです。

発見の当初、彼女は、学会から、疑いの目で見られ、ひどいバッシングを受けることになりました。研究対象のチンパンジーに名前を付け、友達になるなど、方法が科学的、客観的ではないという理由によってです。彼女が大学を出ていないということもあったかもしれませんね。しかし、グドールさんが、チンパンジーと友達にならなければ、チンパンジーが道具を造り利用するという大発見をすることはありませんでした。それ以降、彼女は画期的な多大の業績をあげ、世界をリードする研究者になったのです。

グドールさんは、１９７７年「ジエーン・グドール研究所」を設立して、活動拠点をゴンベの森から全世界に広げていきます。研究の現場で、野生チンパンジーが違法な乱獲により急激に減少し、また、森の環境が破壊されていく現実に直面し、チンパンジーを守り、森の環境を守る決意をしたからです。彼女の願いは、人間が霊性を高めながら、地上に生息するあらゆる動物・植物または自然と共生し、平和な社会を創ることとです。

冒頭にまた、英和学院聖句を示しました。「神を愛し、隣人を自分のように愛しなさい」でしたね。この中で「隣人」とはだれなのか、改めて考えてみたいと思ったからです。もうみなさん気づいておられると思いますが、「隣人」は人だけではありません。隣人はチンパンジーであり、森であり、大地でもあるわけです。

わたしは、一度、グドールさんとお会いする機会がありました。本当に美しく、偉大な母の愛に包まれた感じがしました。これからは母性の時代であるという思いを日々強くしています。地球や人間を守るために「母性」といういのちに優しく向き合う精神が必要なのです。みなさんが活躍する時代です。

（２０２１年１０月２１日）

（１１）子供を祝福するイエス

『人々が子供たちを連れて来た。弟子たちはこの人々を叱った。しかし、イエスはこれを見て憤り、弟子たちに言われた。「子どもたちをわたしのところに来させなさい。妨げてはならない。神の国はこのような者たちのものである。はっきり言っておく。子供のように神の国を受け入れる人でなければ、決してそこに入ることはできない。」そして、子供たちを抱き上げ、手を置いて祝福された。』

（マルコによる福音書１０章１３～１６節）

静岡英和学院院長室のわたしの机の前の会議用テーブルを隔てた真正面の壁面に、大きく賀川豊彦先生の水墨画の額が飾られています。横幅はわたしがいっぱいに手を広げた長さ、多分１．７メートルほどあり、縦幅は５０センチメートルほどの大きな額です。

そのほぼ中央左寄りにイエスが大きく手を広げて子供を抱きかかえようとしている姿が描かれています。また、右側には３人の子供たちが大喜びで手を広げてイエスに歩み寄ろうとしている姿があります。その上部分に、「幼児をわれに来させよ　天国に入るものかくの如し」の書がしたためられています。左端に賀川豊彦という署名と静岡英和女学院様との宛名が入り、１９４９年9月２１日の日付があります。

この日は、礼拝堂が完成し、賀川先生による「講堂落成記念講演会」が開かれたとのことでした。

今日は、わたしの尊敬する賀川先生の書がいつも目前にある幸せを皆さんにお伝えしながら、先生が静岡英和女学院あるいはその教育の土壌を豊かに耕してくださった恩人であることを、みなさんにご紹介したいと思います。賀川先生の偉大な生涯を言い表すのは困難なことですが、あえて一言で紹介しますと、牧師であり、詩人・小説家であり、生協、農協の創始者であり、ノーベル平和賞や文学賞に何度も候補に挙がったキリスト者ということになりましょうか。隣人愛、弱者救済、平和を掲げて世界的に広く宣教活動を展開し、社会に変革をもたらせてきた人類の歴史に名を留める人だと思っています。

わたしの仕事机の上には『静岡英和女学院百年史』（静岡英和女学院１９９０年発行）をいつも置き、折に触れて頁をめくっています。それによると、１９４７年2月3日には、先生の「三百万救霊講演」の一環として、全校生が学校で講演を聴き、感銘を受けた「決心カード」は三百余名に達したといわれます。「決心カード」というのは、洗礼を受けても良いという意思表示の覚書のようなものだと思います。わたしの妻は西南女学院中学（現北九州市小倉区）の時、賀川先生の講演を聴き一生忘れられない感銘を受けたと口癖のように言っています。

先生が２１歳（１９０９年）のとき、神戸の貧民窟、新川地区に単身潜入して生命をかけ極貧民の救済に取り組んだ話（賀川豊彦、『死線を越えて』、１９２０年）は良く知られています。「日本の急務は土を愛することと、隣人を愛することと、神を愛することの三つであって、この三つを実行しなければ国は亡びる」という賀川先生の言葉（再販『一流の麦』、２００７年）が心に響きます。また先生は、この三つの愛を実現することが教育の最大の目的であるといっています。

静岡英和学院聖句が「神を愛し、隣人を愛する」であることは、もちろんみなさんご承知のとおりです。この「隣人」に「土」も入れる意識が大切ではないかとわたしはかねがね思ってきました。そして、みなさんの教育カリキュラムの中に、土や作物や果ては自然に触れる体験教育を導入することを願っています。カリキュラムの変更はすぐにできることではないですが、みなさんが日常生活において、折に触れて、土に触る、自然に触れることは難しいことではありません。わたしはそのことを皆さんに勧めたいと思います。そうすることによって、みなさんは自分の健康を守り、果ては地球を守ることに繋がっていくと思っています。

最後に付け加えさせていただきますが、賀川先生は、幼い子供たちの境遇にも心を配り、１９３２年、少年教護法を帝国議会（当時）に提案し、その2年後に日本で初めて児童の保護と養育の法律が制定された経緯があります。現在も、虐待や貧困の問題を含め子供問題は日本の最も深刻な課題となっています。社会の現実にも目を向けながら、朗らかに希望をもってこのミッションスクールの静岡英和学院の土壌で学んでください。（２０２１年１１月１２日）

（１２）聖書の食べ物

『あなたの神、主はあなたを良い土地に導き入れようとしておられる。それは、平野にも山にも川が流れ、泉が湧き、地下水が溢れる土地，小麦、大麦、ぶどう、いちじく、ざくろが実る土地、オリーブの木と密のある土地である。』

（申命記８章７～８節）

おはようございます。クリスマスを待つ待降節の良き日、皆さんと礼拝を共にできますことを感謝しています。

わたしの家の庭は、１０坪ばかりの狭い庭ですが、聖書に出てくる7種類ばかりの果樹を植えています。ブドウ、イチジク、オリーブ、ザクロ、リンゴ、アーモンド、桑です。それ以外に、ナツメヤシは室内で育てています。それらの果樹とともに野菜も一緒に植えていますので、わが庭は果物と野菜で年中大賑わいです。

わたしは、かつて聖書に出てくる植物を調べようとして、旧約聖書から新約聖書まで読み進めながら、マーカーペンで出てくる植物名に印をつけていったことがあります。各植物の登場する回数も数えようとしましたがそれは途中断念しました。それは後で、『Ｊバイブル』（聖書研究ソフト）によって簡単に調べることができました。果樹名を回数の多い順に並べますと、先ず、ブドウが３０１回で圧倒的に多く登場します。それから、いちじく６５回、オリーブ６４回、ざくろ２８回、桑8回、ナツメヤシ7回、りんご6回と続きます。

これらの果物の特徴をひとことで表しますと、飛び切り栄養価が高いことです。抗酸化物のポリフェノールを大量に含み癌などを防ぐ効果があります。２０００年ころアメリカで長寿遺伝子（サーチュイン）が発見されました。長生きをするためには、この長寿遺伝子を活性化すればよいのです。ブドウは特に皮と実の間にレスベラトールという物質が多く含まれ、それは長寿遺伝子を最もよく活性化する夢の長寿薬と言われているそうです。これらの果物たちは、いずれも聖書の大地に発祥し、永い時間をかけ世界中に伝播していき、今はわたしたちの目の前にも在るわけです。

麦は、小麦、大麦、麦粉を含めると１６１回登場します。麦が聖書の世界において、またわたしたちの社会において、もっとも重要な食材のひとつであることに変わりはありません。パン小麦の祖先種は、ガリラヤ湖から北方６０ｋｍのところにあるヘルモン山で発見されました。ヘルモン山は、山中でイエス・キリストの姿が三人の弟子の前で光のように白く輝いたその山ともいわれています。

野菜の王様といわれるキャベツやブロッコリーなども聖書の世界からやってきました。聖書の世界は、今もわたしたちの生活に深くかかわっていることがわかります。

さて、クリスマスとは何でしょうか？みなさん今少し考えてみてください。答えは一つでなくてよいです。「神が、イエス・キリストというパンを人類に与えた最高の収穫祭」これはわたしの答えです。実は、冒頭に示した聖句の前の節には、主に導かれた四十年の荒れ野の飢えに苦しんだ旅は、主が「人はパンだけで生きるのではない」、主から出るすべての言葉によって生きることを知らせるためであった、と書かれています。いのちを司る世界には、「内なる世界」と「外なる世界が」が在って、この両方が満足されないと真の幸福には至れないと思います。内なる世界は、精神の世界・神の世界です。外なる世界は現実・物質の世界です。両方必要ですけれど、わたしは、先ずうちなる世界が充実して初めて、外なる世界も充実すると思っています。現代社会の深刻な問題は、この内なる世界の極端な衰弱に由来しているのではないでしょうか。イエスキリストというパンは、飢えを癒すとともに、精神を癒すパンでもあります。それはまた、神と人を結び付けるパンです。クリスマスは、静かにこのようなことに思いをめぐらす日でもありましょう。（２０２１年１２月９日）

（１３）コロナ禍時代の生き方―いのちと自然そして食べ物

『この食物は、信仰を持ち、真理を認識した人たちが感謝して食べるようにと、神がお造りになったものです。というのは、神がお造りになったものはすべて良いものであり、感謝して受けるならば、何一つ捨てるものはないからです。』

（テモテへの手紙１４章３〜４節）

静岡英和女学院創立１３３年記念を心よりお祝い申し上げます。

わたしは、２０１９年４月より、静岡英和学院院長として赴任した、まだ新米の院長でございます。赴任当時、『静岡英和女学院史』（１９９０年発行）をいただき、机上におき折に触れてページをめくっています。そこで改めて、多くの偉大な先達たちによって英和女学院の教育土壌が培われてきたことを知らされています。若き日から神戸の貧民窟に入り弱者救済に身を投じ、後にはノーベル平和賞や文学賞の候補に何度も上がった賀川豊彦牧師。日本の農村伝道に精力を注ぎ、１９５２年９月に生じた日本海難史上最大といわれる洞爺丸遭難に際し、人々を励まし、最後には自分の救命具を他人に与えて自らは海に沈んだＡ・ストーン牧師。この２人の名を挙げるだけでも英和女学院の教育土壌の精神性高い豊かさが身に迫ってきます。

ブッシュミート

さて、本日は、日本はもとより世界中が新型コロナウイルス感染症の蔓延に苦しみ翻弄されている折、われわれはこの時をいかに生きるべきか、また、いかなる未来を目指すべきか、について考えてみたいと思います。先ず、何故コロナウイルス感染の発症が生じたのでしょう。その原因は明らかです。人間による自然あるいは環境破壊です。人間がブッシュミートを食べることによって生じたというのが一つの有力な原因といわれます。「ブッシュミート」とは簡単に言えば野生の動物のことを指します。

今回の件については、コウモリ、フクロウ、トカゲなどが疑われています。ちなみに霊長類のチンパンジーなども摂食のために乱獲され絶滅の危機にあります。それはともかく、例えば、コーヒー、タバコ、バナナなどのプランテーションのために、従来人間が手を付けなかった、原生林に一本の道を付け奥深くまで人間が入り込み開拓する。本来森林の奥深くで、長く共生し生存してきたウイルスとコウモリが森林の破壊を通じて人間と接触することになり、ウイルスが人間の細胞に侵入するきっかけになったというのです。

自然破壊は、コロナ禍のみならず近年繰り返される気候変動による破局的な自然災害を引き起こしていることは周知のことです。わたしたちは喫緊に「自然に寄り添う」生活や社会をつくらなければいけません。時間は多く残されていません。世界的に温暖化削減のことが多く議論されていますが、産業革命前の平均気温より今後１．５度Ｃ以内に収めるのが必須と認識されています。この指針はどうやら実現しそうにないのが現実です。炭酸ガス排出量はなお年々増加の一途をたどっています。人類の破局は遠い未来の話ではないのです。

退化しつつある男の性染色体

男性を遺伝的に決定する性染色体（Ｙ染色体）が退化しつつあるようです。みなさんご存じのように、人間の生殖細胞における染色体数は、女性が２２＋Ｘ、男生は２２＋ＸあるいはＹです。この母親および父親の生殖細胞が合体（受精）すれば、女性は４４＋ＸＸ、男性は４４＋ＸＹとなります。要するにＸＸおよびＸＹの性染色体を持てばそれぞれ女性および男性になるわけです。もう２５年ほど前のことです。イギリスから染色体研究の世界的権威の博士を静岡大学に招いて講演してもらったことがあります。博士は、人間の４６本の染色体をきれいな映像で示しましたが、わたしはその時初めて男性のＹ染色体がＸ染色体に比べて格段に小さいことを印象付けられました。遺伝子が染色体上に乗っている限り、男性の遺伝子数は女性のそれより少ないことになります。女性に比べて男性は、平均寿命が短い、一般に生命力が弱い、などのことが頭によぎり、博士にこれら男性の欠点は、性染色体Ｙ染色体が小さいことによって生じるのではないかと質問しました。博士は、慎重に、明快な答えを与えてくれませんでした。

その後、ＮＨＫテレビの特別番組で、男性のＹ染色体が徐々に退化していて、将来、男性が存在しなくなる可能性があるとの報道に何度か接しました。また最近は、同番組で同じ話題が取り上げられ、今回は、ある教授のコメントで、Ｙ染色体が消滅しても男の存在は消えない説が発表された旨の説明がありました。この説の真偽は原著論文を未読のままで問うことはできませんが、わたしはやはりＹ染色体が失われれば、男性は存在し得ないと感じています。さらにＹ染色体の退化は環境破壊が何らかの形で関係しているのではないかと思っています。

レイチェル・カーソンとシーア・コルボーン

レイチェル・カーソン（１９０７〜１９６４）女史は、１９６２年『ＳＩＬＥＮＴ　ＳＰＲＩＮＧ（沈

黙の春）』を著し、ＤＤＴなどの合成化学物質を使い続ければ、春になっても鳥が鳴かなくなるような深刻な影響を環境や人類に及ぼすとの警告を発しました。人類史上人々の目を環境に向けさせ、世界的に環境保護運動が始まる重要な契機となりました。しかし、このために、彼女は企業界から熾烈な批判を受けることになり、５０代の若さで癌のため亡くなります。彼女へのバッシングのさなか、当時のケネディ大統領はこの著書に注目し、大統領諮問機関に調査を依頼し、野放図だった農薬製造に厳しい規制をかけることになったと伝えられています。彼女はペンシルバニア女子大学で文学と生物学を学びました。その後、彼女は（海洋）生物学者および作家として活躍し、自然と人間への深い共感をもって多くの書を著し、今も、わたしたちに自然に寄り添い生きることの大切さを示唆し続けています。

シーア・コルボーン（１９２７〜２０１４）女史は、１９９７年『ＳＴＯＬＥＮ　ＦＵＴＵＲＥ（奪われし未来）』を著し、わたしたちにまた新たな衝撃を与えることになりました。彼女は「淡水生物学」を主とした研究者として、また、自然保護活動家として活躍しました。アメリカ北部の五大湖を主とした系統的な調査によって、棲息する生物たちが、種々の合成化学物質によって、深刻な性発達障害などの被害を被っていると訴えたのです。生物の内分泌かく乱を誘発するそれら合成化学物質を総称して「環境ホルモン」と呼び、それらの影響は人類の未来に破局的な影響を及ぼすだろうとのことです。一つの典型的な例が雄のメス化です。レイチェル・カーソンの遺志を継ぎ、さらに発展させ人類の未来の姿を予言した、と言ってよいでしょう。彼女は２０００年に地球環境国際賞（ブループラネット賞）を受賞しています。

食と農にかかわる日本の現状

（１）野菜の栄養価の減少

戦後、厳しい食糧難の中、日本人の栄養改善に役立てようと、国民食糧及栄養対策審議会（当時）の主導で食品成分表を作成し、今日まで版を重ねています：初版（１９５０年）、改訂版（５４年）、３訂版（６３年）、４訂版（８２年）、５訂版（２０００年）、６訂版（２０１０年）、７訂版（１５年）、８訂版（２０年）。ある時、これらの食品成分表を眺め比べて、野菜の栄養価が徐々に減少する傾向に気づき、詳細に調査することにしました。その結果の一部を、『米と日本人』（中井他編著、静岡新聞社、１９９７年）で報告したことがあります。

今回改めて、トマト、ニンジン、カボチャ、エダマメ、ホウレンソウ、ピーマン、シソ、キウリの８品目についてビタミンＡおよびＣの調査をしました。ビタミンＡについては、栄養素含量を４訂版までが国際単位（Ｉ．Ｕ．）で、５～８訂版がｍｇ／１００ｇで示してありますので、改訂版～４訂版、５～８

訂版をそれぞれ別に比較しました。結果は以下の通りです。

ビタミンＡ：トマト２—４訂で５５％に、５—８訂で５０％に減少、ニンジン２—４訂で３０％に、５—８訂で５０％に減少、カボチャ２—４訂で３４％に、５—８訂で５０％にっ減少、ホウレンソウ２—４訂で２１％に、５—８訂で５０％に減少。８品目平均では、２—４訂で５４％に、５—８訂で５０％に減少しています。

ビタミンＣは８品目の平均値のみ示します。改訂版—８訂版で平均５３％に減少。また、鉄分では、８品目平均で２８％に減少しています。何故、このように昭和２０年代に比べて野菜の栄養価が減少しているのでしょうか？みなさんに考えていただきたいですが、とりあえず思いつくままに、その要因のいくつかを挙げておきます。①先ず、農業土壌の劣化があげられます。②わたしの子供のころと違って、今は、種類を問わず年中同じものが食べられます。旬の無視も重要な減少の要因です。③品種改良の影響もあります。④人々の好みの変化もあるでしょう。全体的に甘い傾向の味になっています（炭水化物含量は増えている傾向にあります）。⑤その他。原因はいろいろあるかと思いますが、いずれにしても、野菜栄養価減少が環境劣化の影響を受けていることは確かです。

（2）農薬問題―日本は世界有数の農薬使用国

日本は世界有数の農薬使用国です。世界各国の農薬使用量（kg／ha）を以下に、多い国から順に示しておきます。①台湾13．3kg／ha、②中国13．1、③イスラエル12．6、④韓国12．4、⑤日本11．8、⑪イタリア6．1、⑱ドイツ4．0、⑲フランス3．6、その他、英国3．2、米国2．5、スウェーデン0．6（2017年世界食糧農業機関資料）。

1990年より有機リン剤に代わって、人間や哺乳類に優しいという理由で、ネオニコチノイド系農薬（イミダクロプリド、クロチアニジン、アセタミプリド、イミダプロプリド、ジノテフランなど）が主流となりました。しかし、近年、世界的に蜂、トンボ、雀などが激減し話題となり、盛んにその原因について議論されました。その結果、ネオニコチノイド系農薬が主要因に挙げられ、EU全域で2013年より先ず3種（クロチアニジン、イミダクロプリド、チアメトキサム）を使用禁止としました。現在、全面禁止の方向に進んでいます。日本ではまだ当農薬のミツバチ減少への影響を認めていません。ネオニコチノイド系の農薬は、植物の体内に浸透し、それを食べた虫の神経が侵される神経毒を持つ特徴があります。日本では有機リン剤系もネオニコチノイド系農薬とともに許可されています。

残留農薬基準が日本ではEUに比べて300～500倍ゆるやかです（例えば、EU―日本の比較：イチゴ0．01―3ppm、ブドウ0．01―5ppm）。日本では農薬の空中散布が全面的に認められています。ＥＵは２００８年から禁止。アメリカ、カナダ、オーストラリアにおいても厳しい規定が設けられています。日本では、２０１９年にドローンによる農薬空中散布作業にかかわって、規制緩和が行われ、夜間使用可、補助者不要などとされました。

２０１１年３月１１日の福島第一原発爆発による放射能汚染問題で騒がれているさなか、農薬使用（濃度）の規制緩和が実施され、イミダプロプリド：ホウレンソウで２．５から１５ｐｐｍ、ジノテフラン：ホウレンソウで５から１５ｐｐｍ、春菊で５から２０ｐｐｍに緩和されています。グリホサート農薬基準値は、トウモロコシ５倍、小麦６倍、甜菜７５倍、そば１５０倍、ひまわり４００倍に引き上げています（２０１７年６月）。グリホサートは、フランス、ドイツ、スウェーデン、ブラジル、オーストラリア他１４ヶ国で禁止されています。グリホサートは除草剤ラウンドアップの主成分で、発がん性が疑われているのです。

（３）日本の食料自給率の問題

日本の食料自給率は異常に低いです。食べた場合の摂取カロリーを基準にした自給率は３７％（２０１８年）です。生産額自給率は６６％（２０１８年）ですが、これは生産価格で比較したもので、外国産は低価であり、必然的に自給率は高くなります。さらにこの場合、お茶や果物なども対象になっています。

主要穀物を対象にした穀物自給率は最近日本では使用していませんが、永くそれは２４~２８％ほどでした。ちなみに、世界各国の穀物自給率を比較してみますと、アメリカ１２５、アルゼンチン２５２、イギリス１０１、ドイツ１２４、フランス１７４、オーストラリア２４１、スウェーデン１２０、イタリア６８、ロシア１２９、中国１０３、インド１０４、タイ１４４、韓国３３、ギリシャ８９、日本２８（数字は％です）となります（農水省ＨＰ、２０１２年）。

（４）有機農業事情

日本は有機農業が進んでいない国です。いくつかの国と日本の全耕地に対する有機農業実施面積の割合（％）を示すと、オーストリア（２６．１）、エストニア（１９．６）、スエーデン（１９．２）、スペイン（１６．６）、イタリア（１５．２）、スイス（１４．５）、フランス（１３．９）、イギリス（２．９）、アメリカ（０．６）日本（０．５）（ＥU統計局、Ｅｕｒｏｓｔａｔ、２０１７年）となります。総面積を多い国から順番に示すと、①オーストラリア、②アルゼンチン、③スペイン、④アメリカ、⑤インド、⑥フランス、⑦中国、⑧ウルグアイ、⑨イタリア、⑩カナダなどとなり日本は１７０ヶ国中９３位になります（国際統計、２０１９年）。一人当たりの有機農産物購入額について日本はアメリカの１５

分の１、スイスの３４分の１、フランスの１３分の１となり、日本人の有機食品への関心は世界水準からいってかなり低い状態です。

以上から、日本が抱えている食と農の問題は極めて深刻であると言えます。世界的なコロナ禍の状況で食糧生産国は輸出規制の動きを示しています。また世界的な食糧生産は不安定かつ減少の傾向もあります。食糧の輸出が制限されたら、日本人は飢饉の状態になること必至です。「ＹＯＵ　ＡＲＥ　ＷＨＡＴ　ＹＯＵ　ＥＡＲＴ」これは世界的に認識されている普遍的な真理です。すなわち、「食べものがあなたを造る」ということです。食べることの意味について、わたしたちはもっと真剣に考えるべきでしょう。

わたしのプロフィール――稲の自然農法研究と育種

ここでわたしが農学者として、これまで何を考え、どのような研究を行ってきたかについて、少しお話しておきます。わたしは１９９１年以来今日まで３０年以上自然農法に適応する稲育種の基礎的研究と育種を行ってきました。「適応」という言葉は日常でも使いますが、ここでは、生物学用語として使用していて、いろいろな環境で子孫を残す能力、あるいは安定して収穫量を挙げる遺伝的能力を意味します。「自然農法」は、みなさんもご承知のように、農薬・化学肥料を使用しない極資源低投入の農業のことです。自然農法においても収穫量が上がり健康に良い稲品種を育成するための基礎研究と育種の実際を行ってきたということです。農業分野からは、全産業から排出される温室効果ガスの３０％以上を出している現実があります。ＣＯ２（炭酸ガス）、Ｎ２Ｏ（亜酸化窒素）ＣＨ４（メタン）などがその主な要素です。持続可能な農業システムの構築は喫緊の課題であることを知っていただければと思います。

静岡大学定年後、２００５年の春から、静岡県伊豆の国市の公益財団法人『農業・環境・健康研究所』の大仁農場を拠点にして、北海道から沖縄まで１９地域の農家の人たちと共に稲の品種改良を続けてきました。現在、ようやく多くの地域で新しい稲の品種が生まれてきています。新品種第1号は、熊本県湯前町の椎葉武馬さんの水田で「旭」と「亀の尾」という明治時代の在来種を交配した後代世代において選抜を繰り返し得られた『くまみのり』です。球磨川の水の恵によって生まれましたのでこの品種名にしました。この品種の特徴は、自然農法においても収量が上がり、食味値が高いのですが、それ以外に、皮膚炎などのアレルギー疾患が改善されるという注目すべき特性が多くの証例によって明らかになっています。新品種は胃腸の調子が良くなるなどの効能も判明しています。

育成された新品種共通の特徴は、自然農法で収量が相対的に高くなる他に、開花日が遅い、背が高い、また、コシヒカリのような粘りある食感が無く、むしろ淡白な食味であるなど近代稲品種とは逆の特性を持つ傾向があることも分かりました。したがって、画一化した近代の農業技術に適合しない場合があるのです。自然に寄り添う自然農法という場での選抜が招いた結果です。機械や化学肥料・農薬などのモノに合わせて作られた近代品種が気候変動などによって多くの問題を抱える現状があります。新品種を普及し広めていくためには、画一化した近代農業技術の改革も同時に実現していかなければなりません。それが新しいいのちの時代を創る最重要課題の一つになると思っています。

人と自然を結び付けるものが食べものです。したがって、人がいのちとしての食べ物への感性を失っていった結果が現今の自然環境の破壊の姿であるといえます。植物や動物のいのちを奪って自分のいのちとする、食べるという行為は本来極めて厳粛なものであるはずです。神へのまたは食べものへの感謝や祈りが食べる行為の基本だと思います。ここで、今、世界的に注目されているネイティブアメリカンの女性植物学者、ロビン・ウオール・キマラー博士の言葉に耳を傾けたいと思います。「必要なものが何であろうと、女性たちはきちんとベイスギに収穫の許しを求め、採ったものに対しては感謝の祈りとお返しの贈り物を差し出した。」、「環境の復元は、文化、精神の回復と切り離して考えることはできないし、世界を慈しみ、再生させる精神的な意味での責任とも切り離せない。」（ロビン・ウオール・キマラー、『植物と叡智の守り人─ネイティブアメリカンの植物学者が語る科学・癒し・伝承』、三木直子訳、築地

書館、２０１８）

地球が悲鳴を上げているこの時代に、多くの女性たちがそのいのちに寄り添い守るための勇気ある活動を行ってきたことを、礼拝での奨励（講話）において何度もお話してきました。実はその思いはますますわたしの中で強くなりつつあります。もちろん、マハトマ・ガンジーや中村哲さんなどわたしが心から尊敬する男性も多くいますが、これからは女性の時代、あるいは母性の時代であると思います。そこにこそ、地球再生や人間復活の希望があるのではないでしょうか。「女子教育」をまた新たな視点から再評価する時機でもあると考えています。ここに集う若きみなさんの明るい未来に期待しお祈りしつつこのお話を終わります。どうもありがとうございました。（２０２０年１１月１６日、静岡英和女学院創設１３３年記念礼拝講演）

おわりに

聖書が世界のベストセラーであることは誰もが知っていることです。しかし、2千ページにもおよぶ聖書を読みこなすことは容易ではありません。わたしは30代後半から40代前半までは、国際機関の派遣専門家として、当時世界の最貧国と言われたバングラデシュの中都市マイメンシンやオーストリアの音楽の都、ウィーンで働いた経験があります。いずれにおいても、不慣れな環境下で強いストレスを抱えていました。そのとき出合い読んだのが新約聖書でした。小説を読むように読みました。異郷の地に在って、そのまた異郷の不思議な精神世界に身を投じて心身が癒されたのでした。日本福音ルーテル教会で洗礼を受けたのは、その後の45歳の時でした。

旧約から新約聖書まで通して読んだのはそれからかなり後になってからのことでした。「食べものと農業」をテーマにして読んだところ、案外難なくかつ興味深く4か月ほどで読了しました。本書は、その成果の一端を示すものといえるかもしれません。いずれにせよ、「自分の心身を癒す」も含めて、テーマをもって向き合えば、聖書の森に楽しく分け入っていくことができるかと思っています。

人類の歴史において、いつの頃からかくも男性中心の社会になったのか知る由もありませんが、聖書もやはり男性中心の世界の中で編まれていったものにちがいありません。聖書は男性中心主義に彩られているといわれることもあります。それを一方的に否定することはできません。しかし、くりかえし聖書を読むうちに、「母性」がその底流から浮かび上がってくるという経験をしています。そして、母性こそがこの危機の時代を克服する希望になると予感しています。

全国ディアコニアネットワーク事務局の山内恵美さんには、原稿投稿についていつも温かな励ましをいただき、永く原稿作成を維持することができましたことを心より感謝申し上げます。日本福音ルーテル教会広報誌『るうてる』への投稿については、徳野昌博牧師の親切なご支援をいただきました。心より御礼申し上げます。

【著者紹介】

中井弘和（なかい・ひろかず）

1939年福井県武生市（現、越前市）生まれ。
農学博士（1978年）。専門は「植物育種学」。
1965年、東京農工大学農学部卒業。同年京都大学大学院農学研究科修士課程進学、
博士課程に進み1967年11月同中途退学。12月より京都大学助手農学部付属農場勤務。1969年より静岡大学農学部に移り助手、助教授を経て1989年教授。
1995〜1999年、静岡大学農学部長
2000〜2004年、静岡大学副学長
2005年定年退職、静岡大学名誉教授
1979〜1982年、国際原子力機関・国連食糧農業機関共同部門植物育種及び遺伝班・派遣専門家（オーストリア・ウィーン、バングラデッシュ・マイメンシンにおいて非常勤で働く。）
1998〜2001年、日本農学アカデミー副会長
2000〜2019年、棚田の修復と自然農法による稲つくりの学びの場・清沢塾塾長。
2019〜2022年、静岡英和学院院長。
現在、公益財団法人『農業・環境・健康研究所』技術顧問。社会福祉法人『静岡いのちの電話』理事長。中等高等少年院『駿府学園』非常勤講師（情操講話担当）。
著書、『米と日本人』（編著）（静岡新聞社、1997年）、『生命（いのち）のかがやき―農学者と四人の対話』（野草社、2006年）他。

自然と「分けあう」生き方をしよう
聖書からみた食・農・人

2023 年 9 月 30 日発行

著　者　中 井 弘 和
発行者　向 田 翔 一

発行所　株式会社 22 世紀アート
〒103-0007
東京都中央区日本橋浜町 3-23-1-5F
電話　03-5941-9774
Email: info@22art.net　ホームページ：www.22art.net

発売元　株式会社日興企画
〒104-0032
東京都中央区八丁堀 4-11-10 第 2SS ビル 6F
電話　03-6262-8127
Email: support@nikko-kikaku.com
ホームページ：https://nikko-kikaku.com/

印刷
製本　株式会社 PUBFUN

ISBN : 978-4-88877-258-7